suncolor

suncolor

天賦密碼

THE CHILD CODE

從基因科學了解孩子天生優勢
實踐「順性教養」的必讀聖經

美國遺傳學 X 發展心理學權威
丹妮爾・迪克博士——著
尤采菲——譯

suncolor 三采文化

獻給艾登

目錄
CONTENTS

第二部 認識你的孩子

前言

為了親近更廣大的群眾，我將某些複雜的科學文獻簡化，我認為這是必要的做法。不過，有些學術界的同儕肯定會認為某些部分被我過分簡化，但我還是盡量在講求科學的內容及其準確性與大眾的易讀性和應用性之間力求平衡，做出最好的調配。全書各處都提供了經我挑選過的科學參考文獻，供想要更深入了解的讀者參考。若是有父母想要了解更多資訊，歡迎前往我的網站：danielledick.com。我也在本書最後面提供了一份推薦書單。

這本書所納入的調查，用意是幫助你更深入地了解你的孩子。這些調查大致是基於研究者用來評估孩子與生俱來的天生氣質和性格所使用的項目，但絕非是作為正式診斷之用。本書中所提供的資訊，不可將之視為可取代專業的臨床建議。並且，我在第8章也說明了該如何尋找心理健康專家。

作者序

了解孩子的天賦密碼

結婚前的我，對於父母如何教養孩子有堂堂六套理論；現在的我，有六個孩子，沒有任何理論。

——英國伯爵約翰．威莫特（John Wilmot）（一六四七—一六八〇）

閉上眼睛，想像你的「孩子」。

不，我說的不是那個拒絕寫作業的小小人兒，也不是那個看到餐桌上端上來的義大利麵是蝴蝶結形，而不是彎彎的小水管形，就大鬧一頓脾氣的小彆扭鬼。

我要你想像的孩子，是你還沒生孩子前，在你幻想中，香甜地睡在你臂彎裡的天使嬰兒。是那個你幫他推一下鞦韆，他就開心地仰著頭咯咯笑的可愛娃兒。或許你想像中的孩子，長大後會成為明星運動員，或是會被選為發表畢業生感言的優等生。或許你想像中的夢中場景是大學畢業典禮，或者是在結婚典禮上的那位嬌羞新娘或英俊新郎。不管是什麼，我想說的是，我們都對我們的孩子有一個期盼的模樣。

但是，日常的育兒景象卻很少能跟我們的夢想沾上邊，說是每天都像打仗一樣還差不多。想帶孩子去個公園，孩子卻拒絕穿鞋，搞得連門都出不了。餐桌上，常常被孩子氣得大怒。哦，你說那次「歡樂」的家庭旅行？四個小時的車程中，孩子不斷踢著你的座椅後背，一直大鬧說他不想去。

為什麼那麼難？為什麼我們難以把孩子塑造成我們想像中的夢幻小天使？

當父母的，想要尋求教養建議肯定不缺，市面上有各種教養課程、教養部落格、教養 podcast 節目、親子雜誌、育兒書籍、親職教養工作坊。更別說，你的婆婆或岳母對如何管教孩子一定有她的想法，你的摯友也少不了要傳授給你哄孩子入睡的祕訣。這些排山倒海而來的資訊量本身就已經夠讓人喘不過氣了，更糟的是，其中有許多居然還是互相矛盾的！人類養育孩子已經有好幾千年的歷史，我們怎麼可能還沒悟出其中的道理？身為父母更頭痛的，是要如何從經常彼此互相矛盾的理論中理出頭緒，決定哪一種才是最好的做法。

蒼天，為什麼育兒這麼難？

其實，這個問題有個簡單的答案。育兒之所以困難，是因為所有你爸媽、朋友、小兒科醫生的建議，都忽略了一個影響兒童發展的最重要因素：基因。

我們在高中的生物課雖然學過基因，但沒有學到全部的奧祕。ＤＮＡ不只決定我們生來該是黑眼珠或藍眼珠，頭髮有沒有自然鬈；事實上，ＤＮＡ還組成了我們的大腦和我們人生最基礎的狀態。每個人個別的天生氣質、先天傾向，以及每個人跟這個世界互動的獨特方式，都有ＤＮＡ給我們打下基礎。考慮到遺傳基因對個人的行為和發展能造成如此深遠的影響，就能了解教養孩子並沒有「正確方法」，只有在教養個別的孩子上，才有所謂的「正確方法」。唯獨靠著了解你的孩子受到遺傳形塑的天生氣質，你才有辦法引導孩子成為最棒的自己，並減少每天跟孩子打仗的頻率。

《天賦密碼》會幫助你根據孩子獨特的遺傳組成，找出教養你的孩子的「正確方法」，也是要幫助你減輕壓力，從成堆的資訊當中，釐清哪些才是真正重要（和不重要）。我是科學家，研究基因和兒童行為。更重要的一點，我也是個母親，也曾經水深火熱過，我之所以得到拯救，該歸功於我研究到底是什麼在影響人類行為所獲得的知識。因此，我動筆寫下這本《天賦密碼》，分享我的知識，幫助各位爸媽在育兒這條路上走得更輕鬆。

模範父母的迷思

人類歷史上，從沒有哪一個階段像我們現在這個世代那麼努力地嘗試塑造我們的孩子。這份在教養上的大手筆投資，相對的，也讓我們付出了很大的代價：夫妻相處的快樂時光銳減，孩子感受到的焦慮急速提升。好的情況下，他們不過是感受到壓力；壞的情況呢，則是時常遭到責罵。在過去，孩子能不受拘束地在山林間玩耍，或是自由自在地在左鄰右舍閒晃，父母唯一的要求就是天黑前要回家，但這樣的日子早已不復見。現在，讓孩子去公園要是大人沒有陪著，就會引來警察敲門。甚至在某些圈子裡，父母讓孩子自己做功課，或是孩子沒有先上過預科課程就接受學業標準測驗，會被認為是父母的失職。

我們漸漸地容許了這個世界給父母身上加諸的無數要求，而我們自己也不知不覺地內化了這些要求：父母做的決定彷彿有百斤重，要不是造就了孩子，不然就會毀了孩子！父母所做的每一項行動都很關鍵，會影響孩子是長成合群又有韌性的大人，還是……可悲的小暴君！如果你愛你的孩子，你會努力將他塑造成一位日後能功成名就的大人，你會積極參與親師溝通，努力當個全能媽媽接送孩子練足球（是爸爸的話，你就會當孩子的足球隊教練），不然就是在家長會當上會長，在教會教主日學等等（而如果你「真的」很愛你的孩子，理想中你會想要承擔以上所有角色）。

甚且有時候，我們做父母的也會為難彼此，我承認我也曾經這樣過。我猜我們或多或少都做過這樣的事：看到小小孩在雜貨店裡鬧脾氣、小孩在教堂裡撒野奔跑、沒大沒小的青少年孩子跟父母頂嘴……這種時候，我們很容易把責難的眼光投射到他們的父母身上，認為這就是養子不教父母之過，順便偷偷在心裡說：父母怎麼不把孩子管好！他們應該「怎麼怎麼」才對（請自行填入你最愛的教養守則）。

我兒子出生後的頭十五個月，我輕率地相信自己已經對育兒這件事駕輕就熟了。還在嬰兒時期的我兒子，大部分時間都在睡，他只有在需要什麼的時候才會哭，而且很容易就能安撫下來。我還記得我很不解，為什麼其他爸媽老是訴苦，說什麼新生嬰兒有多難搞？當然啦，作為一個相信人必須要有充足睡眠的忠實信徒，我不喜歡夜間餵奶這件事，但新手父母也不至於哀哀叫成這樣，抱怨他們的睡眠遭到剝奪吧。我讀了育兒書籍、上了教養課程，我兒子照顧起來毫不費力。育兒有什麼難的？

那時候的我並沒料到，其實並不是我卓越的育兒技巧讓我兒子是個不哭不鬧、喜歡睡覺的天使嬰兒，我只是交了好運。我的孩子不至於是個使父母頭痛的嬰兒，真正的原因在於：那是他的「天性」。即使我是個科學家，研究的是基因和兒童行為，自己也陷入了迷思，錯認為育兒不管怎樣就是取決於父母。這是一個非常強大的迷思——特別是當你的孩子表現很好的話，你很容易將孩子的表現歸功於自己，相信孩子之所以這麼乖巧都是因為你付出極大努力。但，如果你的孩子是個喜歡在半夜哭鬧的夜啼郎呢？又或是，理應是「兩歲貓狗嫌」的症狀，你女兒六個月的時候就發作了（然後延續到她十六歲），該怎麼辦呢？你也要對此負責嗎？你是不是需要讀更多育兒書籍，或是從婆婆或岳母那兒尋求更多建議呢？當孩子表現「不好」，惱火的父母經常開始責備自己，或是煩惱自己到底是哪裡做錯了。然而研究顯示，兒童行為較少是因為父母的因素導致，孩子內在本身的因素才是關鍵。

一九三〇年代初期，有位研究學者叫做瑪麗．雪利（Mary Shirley），她密切觀察了二十五名嬰兒在兩歲以前的行為。她本來是對嬰兒的動作和認知發展感興趣而展開研究，但成天跟在這些嬰兒背後，反而是她稱之為「性格之核」的東西使她大感興趣。根據她長久下來對嬰兒的觀察，她留意到嬰兒出生後沒多久就會展現出性格上的差異，這些差異很有系統性地出現在像是易怒、哭鬧、活動力，以及新接觸到陌生人和陌生情境的反應等事件上。

更有甚者，隨著時間推移，這些差異在各種不同的環境下表現得相當一致。容易哭鬧的孩子，不管是在家中或是在實驗室中，都容易哭鬧。活動力強的孩子，不管是在家中或是在不熟悉的實驗室環境中，都表現得非常活躍。最值得注意的是，不管父母做了什麼（以那個年代而言，主要以母親為主），從所觀察到的兒童行為當中似乎並沒有太強烈的影響。

獨一無二的特性，從第一天開始

事實是，孩子的行為有絕大部分在受孕的那一刻就已經決定了，也就是父母親的基因在相遇的那一刻，就已經彼此混合、配對，組成了一個獨特的個體。此外，就如同任何有兩個孩子以上的父母都曉得的，每一個嬰兒從生下第一天開始就都不一樣。當然啦，不少共同點還是存在的，嬰兒都要睡覺（可能不如你希望他們睡得多）也要大便（可能比你希望的還多），會哭鬧也要喝奶。但除此以外，每個孩子生來都有孩子自成一套的風格，這些差異從一開始就可以看得出來。

發展心理學家稱這種行為上的獨特性為「天生氣質」（temperament），這是內嵌在基因裡，位於每個細胞核當中一束束的訊息體，從父母轉移到孩子身上。這並不是說父母就影響不了孩子的行為，只是你必須了解你的影響力是有限的，也就是說，不管你要如何教養孩子，你都得跟孩子一起通力合作。更重要的是，如果你抱持著一絲希望，想要成功影響孩子發展出某一種行為，避免另一種行為，你絕對需要考慮孩子的基因組成問題。

遺傳差異會促使孩子從一落地就對他們會如何回應這個世界，產生不同的反應（也就是在遭遇各種人事物的時候，是開心還是生氣），也會影響他們自己如何控制自己的反應。像是如果孩子不想吃奶油豌豆，他們是拿起盤子摔到地上，還是單純皺個眉，但還是順從地吞下去？推孩子坐娃娃車出門，路上看見可愛的小狗，孩子是興奮地尖叫、躁動，使你不得不停下來讓他們玩一下才能甘休？還是說孩子會怕得躲在你後面，全身上下滿布著恐懼？

對父母來說，孩子的天生氣質是如此特別和重要，是因為那是種極為穩定的因素。

有長期追蹤孩子的研究顯示，如果發現嬰兒在三個月大時就出現恐懼的情緒，則可以預期孩子到了七歲還是會有恐懼的情緒。嬰兒時期若是會生氣，到了幼兒時期還是繼續會生氣。孩子若是在嬰兒時期就有很好的社交能力，會長成很懂得交朋友的兒童和青少年。[1]同卵雙胞胎就算是出生時被分開，在不同的家庭扶養長大，他們還是會發展出非常類似的特徵。基因在我們一生中扮演非常重要的角色。

你大概猜到了，從天生氣質發展出的特徵終其一生都不會改變，確實會在孩子成長時期以不同方式表現出來。擁有高社交能力的嬰兒，會發出咿咿呀呀的聲音，會和其他嬰兒互動，以及對著大人露出笑容。擁有高社交能力的青少年，會寧願出去參加派對，也不想待在家中讀書或跟好友一起看電影。天性容易害怕的幼兒，要大人哄勸才願意嘗試新玩具，或是爬上鞦韆架。天性靦腆的青少年，要他人好言相勸才會加入學校的戲劇公演或參加畢業旅行。

我的兒子是個個性非常衝動的男孩子，他從小時就會從很高的樹上跳下來，十一歲之後竟然問我他能不能騎機車跟喝啤酒。他會發展出這些喜好在我看來再自然不過了，順帶一提，他爸爸是個戰鬥機飛行員，看來他那種愛冒險的大膽個性有一大部分受到了基因影響！

讀到這裡，如果你的小孩是個快樂、愛社交的孩子，你大概鬆了一口氣；然而如果你的孩子天性膽小，或是容易急躁易怒，你恐怕開始擔心了。

千萬不要這樣，請記住一件重要的事，天賦特徵本身並沒有任何好或壞可言。有個天生就懂社交、經常面帶笑容的快樂嬰兒做自己的孩子，這畫面看起來非常吸引人。愛笑的嬰兒容易接受新玩具、新認識的人和沒遇過的情況，比較容易成長為外向[2]的青少

---

1 譯注：按作者說明，發展是一種延續不斷的過程，因此各階段的年齡分期並無絕對，不過一般而言是這樣的：嬰兒（一歲以下）、幼兒（一至三歲）、學齡前兒童（四至五歲）或兒童（四歲以上）。

2 譯注：「外向」的英語「extraverted」一詞，其拉丁文字根「extra」的意思是「外面」，與之相對，「內向」（introversion）的拉丁文字根「intro」，意思是「裡面」。這是瑞士心理學大師卡爾．榮格（Carl Jung）提出的概念，他認為外向性格的人會將他們的注意力向外移轉，而內向的人則傾向注意內心世界。依據榮格的說法，研究文獻當中，「外向」這個字詞的英文都是拼成「extraversion」，而一般通常是拼成「extroversion」，本書的英文原版是遵循研究領域中的拼法「extraversion」。

年和成人，擁有一切讓我們能夠聯想到這是個外向的人的正面特質。然而，社交能力強、個性活躍的嬰兒長大後也容易發展出控制力的問題，容易個性衝動，要是事情不順他們的意，就容易受挫沮喪。他們比較容易在青少年時期嘗試酒精，跟朋友一起從事各種冒險行為。

相反的，天性膽小的嬰兒或許會在早期讓父母擔心（有時候甚至還會讓父母尷尬），但是比較膽怯的孩子也意味著他們比較不會衝動，比較不會欺侮別人。膽怯的孩子比較不會和別人吵架，當他們大到可以自己出門了以後，也不會像一般青少年那樣喜愛從事各種匪夷所思的瘋狂行徑，但膽怯的孩子也比較容易悲傷、憂鬱。

重點是，性格這種事沒有所謂的「好」或「壞」，性格單純是受基因影響，每一種性格都有明顯差異，各有優缺點。不同的先天特質對父母來說是容易還是難以應付，也可能會隨著孩子的發展階段而有所變化。孩子還在學步的幼兒時期，可能個性固執讓你傷腦筋，但當他長成一名青年，這份特質會讓他勇於為不公義的事挺身而出，相信會讓你無比欣慰自豪。

先天特質不只是種穩定不變的因素，它還與不同的挑戰和人生成就有關，因此，了解你的孩子受基因影響而成形的性格，至關重要。換句話說，教養並沒有「一體適用」這回事，你必須按照孩子獨特的基因密碼來教養孩子。

我們也應該從一開始就清楚認知，有些孩子帶起來就是比較辛苦，很簡單，想想有自閉症或是唐氏症的孩子教養起來有多辛苦就知道了。再普通、一般的孩子的「難搞」也會以某些難以預料的方式出現，這真的能夠使父母傷透腦筋。如果我們先理解這個很基本的現實，就能夠卸下身為父母所遇到的一部分重擔，更能夠對那些養到特殊孩子的朋友感同身受。

現今的醫學已經發展到，醫師能夠針對個人的基因組成施以個人化的療法，這叫做「精準醫學」，也可以稱為「個人化醫療」。這種療法主張每個人的健康情況都各有不同，有些人的體質天生就容易罹患癌症，有些人容易罹患心臟疾病，有些人則是容易對藥物或酒精成癮，或是容易陷入心理問題。有些藥物對某些人有很好的療效，對某些人則可能造成傷害。藉由了解每個人獨特的基因密碼，醫師就能更清楚知道要如何避免問題，當發生問題時該如何施以治療。

教養也是相同的道理。孩子生來就帶著各自不同的優、缺點，孩子最有可能喜歡的事物、最擅長的事、最可能遭遇哪種類型的困難，以及哪些事情容易給他造成風險，這些事情如果心裡能先有個底，你就能比較知道該如何將精力放在什麼地方，哪些教養策略對你的孩子最有效果，哪些則有可能傷害他。對第一個孩子有效的方法，可能對第二個孩子無效，你的朋友試用起來有效的教養策略，可能在你們家是無效的。

這就是為什麼我討厭英文的「教養」（parenting）一詞，從一個發展心理學家口中說出來或許奇怪，但將之稱為「教養」（parenting），好像在暗示教養都是父母（parent）的事，而忽略了教養關係當中另一個關鍵的因素，就是孩子！良好的教養關係中，孩子占的比重跟父母是一樣的。就如同現代醫學不斷朝個人化醫療演進一樣，我們長久以來都忽略了教養也應建立個人化的方法。

我得承認，我也是花了一點時間才在自己的育兒法中採納了這種態度。個人化方法之必要，在訓練我兒子使用便座的時候特別顯著。我兒子去的幼兒園規定，要學會使用便座才能升上三歲班。可是，我兒子的三歲生日來了又走了，小男孩似乎還無意蛻變成「大男孩」，他看起來尿布用得很開心，而且只能跟兩歲的小小孩一起玩他也不介意。「M&M's 巧克力！」我朋友為我指點迷津，「他每次用了便座你就給他一顆 M&M's 巧克力當成獎勵」。好吧，我採用了這個誘因，他是很喜歡 M&M's 沒錯，但他完全不想要藉著使用便座來得到巧克力，因為他根本就知道 M&M's 就放在食物櫃裡，他不懂為什麼他要上了馬桶才能吃！

另一位好心友人從她自身經驗給我建議：你要摸清小孩的「底細」，搞清楚孩子喜歡什麼，然後用那樣東西當成獎勵。在她女兒身上，那個神祕開關就是讓她自行挑選洋裝來穿，使用便座就表示可以打扮美美，沒用便座，就沒有漂亮的洋裝可穿了。顯然，這個方法在他們家百試百靈。可是輪到我嘗試實施這項技巧時，卻變成我孩子寧願裸體去幼兒園，也不願意使用便座。

經過了好幾個星期的折磨和淚水（大部分是我流的），我突然悟到了我的孩子所在乎的點，他想要的是他能「贏」過爸媽，也就是他想要按照自己的意思來。便座訓練已經變成我們家中上演的一場比拚意志的戰爭。孩子認為我一直想強迫他使用便座，所以他偏偏要頑強抵抗不從。當我看清楚這層角力關係，我放心了，不再一天到晚把便座訓練掛在嘴巴上，家中其他的例行公事一切照常。結果你知道發生了什麼事嗎？短短兩個星期之內（還有我相信，負責幫他換尿布的幼兒園老師，用非常務實的態度給了他鼓勵），他就開始自己使用便座了。他也終於順利升上三歲班。

如果我夠聰明，早點留意到我早就熟知於心的兒子的頑固性格（特別是他對贏過別人這件事非常執著），我和兒子就不用這麼辛苦地白忙一場了。研究顯示，對懲罰具有更高回應度的小孩（這說的絕對是我兒子）也會對父母要他們遵守規矩的要求更敏感。換句話說，這種孩子你越用力逼他們，他們的反彈就越大。不過研究也發現，當父母採用不訴諸威權的策略時，孩子願意遵守規矩的程度大幅提高。回顧這起事件，我承認我太在意我兒子「才」三歲兩個月還不會使用便座這回事，那使得我不自覺動起來，想要推他一把，幫他「解決問題」，卻沒有想到要退後一步思考他的反應。其實想想就知道便座訓練是件水到渠成的事。我應該要感到很安慰，我在大學教書，從來沒有看過哪個孩子是不會上廁所的，可見孩子大了就會自然學會的。

你孩子的 DNA

更深入談談我們做父母的角色之前，先來談談孩子基因組成的源頭從何而來。讓我們先快轉回到中學的基礎生物課。不，我說的不是你們解剖青蛙那一次，而是老師講解卵子和精子那一次。卵子和精子結合成為受精卵，進入分裂、成長，然後長成一個小小人兒。

DNA（去氧核糖核酸）是由宛如電腦程式語言指令一樣的化學分子排列組合成一個個基因序列，蛋白質會按照上面的遺傳密碼合成，我們人體上的所有程序，從血壓到行為，都是依據這個排列組合而決定。每個人有百分之五十的隨機遺傳組合（也就是DNA）來自於生理母親，百分之五十來自於生理父親，這兩個組合彼此混合配對，組成一個結構獨一無二的孩子。每個孩子從雙親承襲的各百分之五十是隨機決定的，而且每個孩子得到的都不一樣，這就是為什麼孩子有些特徵會跟爸爸比較像，別的特徵則跟媽媽比較像。隨機來自父親或母親的二分之一，結合起來就組成了讓每個孩子都獨一無二的基因密碼，就算是跟自己的手足（他們也從父母那兒承襲了獨一無二的組合），也不會相同。

跟隨機選中的兩個陌生人相比，手足之間會比較相似，是因為他們所承襲的遺傳變因來自相同的基因庫，手足間會共享平均百分之五十的遺傳物質。不過人類的基因體上有三百萬個DNA，能夠產生非常大量的相異排列組合結果，即便是同父同母的手足也是一樣。更別說，地球上目前的總人口是七十六億，各種排列組合算起來會叫人頭暈。

或許除了在孕期間做基因檢測以確定胎兒沒有問題以外，大部分人很少思考過基因的問題。其他事就夠叫人團團轉了，要買孕婦裝，要裝潢育兒室，還要選購嬰兒床、娃娃車、汽車座椅等成百上千個必要物件。

當然啦，別忘了新手爸媽該上的課程。婦產科醫師多半是在孕婦懷孕六到八週，第一次產檢的時候才會正式確認妊娠，但是育兒網站都會建議新手爸媽要在九週時開始上「預備課程」。課程主題花樣繁複，有分娩、哺乳、新生兒照顧等，還有提供如何教育頭胎子女的課程。孕期進入第四個月，要上孕婦瑜伽、要訂生產計劃，接著要上分娩教育課程（顯然跟分娩準備課程是不一樣的東西）。我是個大學教授，連我都覺得也未免有太多課要上了吧！

我在這裡承認，我也上了不少育兒課程，老實說，上這些課程確實讓我覺得心裡踏實多了。我是包襁褓高手，我的孩子人生中的第一年大部分時間，都被我包得比墨西哥餐廳裡的墨西哥捲餅還緊。為了迎接生命中這個甜蜜的負荷，跟新生兒有關的幾乎大小事我都做足了功課。

這些讓父母準備好迎接小生命的課程和大小決定，無形中卻會讓父母產生他們已經很上手的錯覺，這也就是「育兒迷思」的起點。那些教你如何哄嬰兒入睡、如何餵奶、如何安撫哭鬧寶寶的書，都在傳遞一種訊息：如果你做好功課，就會知道如何哄寶寶入睡、如何喝奶、讓寶寶有規律作息。似乎你只需要學習，有效地實施育兒技巧，你就會得到一個笑呵呵的健康寶寶！接下來寶寶即將進入的各種階段：爬行、走路、長牙、便座訓練……會有數不清的資訊湧入，教你如何在所有幼兒發展里程碑的點上做好育兒的工作。從受孕那一刻開始到寶寶呱呱墜地，我們都忽略了一個潛藏的生物學事實，那就是你身為獨特個體的孩子會如何走這條人生路，很大一部分跟藏在基因裡的祕密有關。

正在忙著上各種育兒課程的你不妨想一想，其實孩子的成長和發展，「基本上」不需要你的引導也會自行完成。引導孩子發展的是他們的基因密碼，靠著他們自己的手臂、腿、手指、腳趾、內臟、大腦就會做到了，完全不需要任何雙親有意識的引導。我們習慣把注意力放到我們有辦法掌控的事物上，像是挑選嬰兒床和汽車座椅之類的，這是很自然的事。不過，當我們在準備嬰兒房和學習包襁褓的時候，必須要記住，與兒童發展有關的真正重要事物，有絕大部分不需要父母的指導就會自然發生。那些，都內建在孩子的基因密碼裡了。

這並不是說你為孩子準備的環境不重要，科學家可以在實驗室裡取出DNA定序，但光是這樣並不能自行製造出一個小人。那一組小小的DNA密碼需要你，你能做的可多了：補充孕期營養、保持健康的生活習慣、保持心情輕鬆無壓力等等，這些對於胎兒的成長都非常重要。與之相反，使用藥物和暴露在環境毒素下都對胎兒發展有嚴重的害處。成為父母，你當然想要盡一切力量，盡可能地為寶寶的成長提供最好的環境。如果你是媽媽，你會攝取健康飲食，補充該吃的維他命，做運動。如果你是那位重要的另一半，你可以供應一個充滿愛、支援、無壓力的環境，讓準媽媽安心待產。

懷孕期間，我們會發現自己能夠做的只有那麼多，能夠掌控的只有那麼多。看著寶寶一眠大一寸，而我們只能在旁兀自驚嘆不已。但是等到寶寶呱呱墜地之後，不知怎的我們就忘了孩子的成長單純是靠著遺傳因素來決定，而我們必須考慮這些因素來決定育兒的方式。

給孩子適性的教養

經過數百年來孩子的個性是「先天或後天」的論戰，我們現在曉得了這不過是錯誤的二分法。這並不是個兩者只能選擇其一的議題，而是兩者皆能相互發生影響，先天的基因和後天的環境都各自扮演特定的角色，對孩子幾乎所有行為表現都發揮了作用。現代父母所遇到的問題即是發生在這裡，父母是應該將注意力放在後天的教養上，然而孩子的發展方程式當中，屬於先天的因素並沒有受到重視。反之，我們所做的卻是拚了老命地敦促自己，錯認為在孩子的發展上一定要有父母的參與才行，然而我們真正該做的應是「聰明的參與」。

這是項挑戰（也是機會），演化生物學家愛德華．威爾森（E. O. Wilson）用一句話說得很好：基因好比一條繩索圈限住後天環境的影響力，不過，這是條有彈性的繩索。換句話說，基因並不會就此決定了命運，雖然父母無法改變孩子的基因，但父母的影響力卻也不可小覷。孩子並不是完全空白的白紙，就算父母是全心為了孩子好，也不是他們想畫什麼就能畫什麼上去。但是，如果能清楚掌握孩子的天性——也就是孩子天生獨特的基因密碼，你就能夠配合孩子的天生特質運用父母的影響力，幫助孩子成長，將他們內在的潛力發揮到最大。

本書使用說明

《天賦密碼》的第一部，主要是說明這種全新的教養方式背後的科學基礎。我會在第1章為讀者介紹科學家做了哪些研究，以至於我們對人類行為背後的成因得以改觀，並說明基因對兒童行為的廣大影響（以及父母影響力的限度）。如果你不在乎這些研究，願意相信我講的就好，跳過第1章不看也無妨。第2章，我會幫助讀者了解孩子的基因密碼是如何形塑孩子的發展、個性、行為，以及孩子與世界進行互動的方式。這一章能夠幫助你了解，為什麼了解孩子從遺傳而來的特質是那麼重要，這能夠幫助你得到有效的育兒成果，不至於變成精疲力竭的父母！本書的第二部，會把重點放在孩子身上。第二部包含了多種關於孩子行為、個性傾向的問卷調查，幫助你評斷孩子的遺傳特質。接著，我會逐步說明該如何運用從這些調查中取得的資訊，幫助你具體針對你的孩子調整教養方式，讓他們的潛力得以發揮，避免犯錯。最重要的，我們還要了解如何讓自己心情放鬆，根據這份資訊獲得信心，邁向更開心的教養。話不多說，就讓我們開始吧！

重點

- 孩子的基因密碼在形塑他們的大腦和行為上，扮演了重要角色。
- 教養建議經常都是矛盾的，因為這些建議忽略了一個重要事實：每一個孩子的行為都受到其遺傳特質所左右，這就是為什麼在某個孩子身上有效的方法，可能對另一個孩子就無效。
- 了解孩子的遺傳特質，可以幫助你教養那與眾不同的孩子，支持孩子開發潛力，克服挑戰。此外，還能夠讓你和孩子建立更和諧的親子關係，減輕教養壓力。

第一部

關於孩子教養，你所需要知道的人類行為科學

The Child Code

第1章

先天重要還是後天重要？讓科學來說話

我們不妨從頭說起吧，大家都認為父母對孩子的行為扮演了關鍵角色，這個深植人心的觀念到底打哪兒來的？

父母的角色廣受重視（和誤解），這個觀念的起源可以追溯自兒童心理學。做父母的，會花很多時間試著了解孩子的行為，自不待言，不過數百年來，已經有無數學者投入這方面的研究。一七八七年，德國哲學家狄崔奇・泰德曼（Dietrich Tiedemann）將兒子出生後頭三十個月期間的行為歷程記錄下來發表成書，這是有史以來第一部兒童發展記錄。泰德曼深受十七世紀英國哲學家約翰・洛克（John Locke）的影響，認為孩子出生時是一張白紙，兒童發展完全受到成長的經驗左右。約莫過了一百年，另一位德國教授威廉．普耶爾（Wilhelm Preyer）發表了《兒童心智》（*The Mind of the Child*）一書，這本書描述的是他女兒人生最初幾年的發展歷程，而這本書頻頻被人奉為現代兒童心理學的開端。

這些早期的「嬰兒日誌」都是針對一名嬰兒的成長觀察記錄，以此為起點，這個領域逐步擴大，開始有研究人員一次對數名嬰兒的各個發展階段密集觀察。接下來，這類研究開始納入孩子的雙親，發展心理學家對父母教養扮演的角色產生了興趣。隨著研究手法不斷演進，兒童發展研究中有一項核心特點維持不變，那就是這個領域一直以來都是以「觀察式研究」為依據。但這項設計特點有一個很大的侷限，也是導致現今父母在孩子的行為上背負了如此大壓力的主要原因。

傳統的家庭研究，及其限制

想要了解父母的角色對孩子有什麼樣的影響，你會怎麼做呢？當然，讓當爸媽的和他們的孩子共同參與研究是很自然的想法。迄今，學界已經有數千起針對親子進行的研究，這些研究多數是以現有的育兒建議為基礎。在這些研究中，研究人員會要求父母報告他們的教養做法，以某種特定的結果對孩子衡量。有時，研究人員會要求孩子報告他們和他們父母的情況，有時是要求父母報告他們自己和孩子的情況，更有些時候，研究人員是從其他的源頭獲得訊息，例如學校老師或其他照顧者。

這些研究一貫地試圖從父母教養和孩子身上顯現的成果之間尋找相關性（也就是以統計學所衡量的相似性），研究結果通常會被拿來作為證據，用以解讀父母在塑造孩子行為上所扮演的角色。

以一項經常出現的研究結果為例，實施正向的教養做法（例如，父母的關懷和父母的參與），觀察到的關聯結果是孩子的情緒和行為問題較少出現。相反的，嚴厲或反覆無常的教養方式則與孩子出現較多的行為問題有關聯。瞧，這證明了教養的重要性對吧？

且慢，我們先別那麼快下定論。

事實上父母可以有更多更好的理由用親切和藹的笑臉對待孩子，以及實踐立場一致的正向教養。問題在於，這些研究經常做出（錯誤）解讀，用以說明父母的教養是導致孩子行為的原因。

這個邏輯卻存在一個缺陷，這得回歸到我們高中科學都學過的基本原則：有相關性不代表有因果關係。換言之，兩件事有關聯，不代表必然是其一導致了其二。

要驗證因果關係，最好的方法是進行對照實驗。但是這對兒童心理學家來說是難事，因為他們不能將孩子指派給不同的父母。如果說，研究人員能夠將孩子隨機分配給（舉例來說）家中規矩比較寬鬆和規矩比較嚴格的父母，就有辦法測試教養上的差異是否與孩子表現出來的行為有關。隨機分配，也意味著要把許多不同類型的孩子分配到規矩寬鬆和規矩嚴格的雙親組別，這樣才更能確定任何差異是來自於教養方式有別所致。隨機實驗的設計是用來評估某種干預手段或某種新藥是否有效。

但是，我們在親子關係中觀察到的相關性無法驗證任何因果關係存在，因為相關性無法透露任何關於該效應的任何資訊。前面的說法應該改成：「或許」父母對孩子和顏悅色，孩子會比較乖巧。「或許」父母對孩子嚴厲，孩子性情會變得比較暴躁。但如果反過來說是因為孩子比較乖巧聽話，所以父母和顏悅色，也完全說得通。我的孩子要是能乖乖聽話穿上衣服，把自己準備好，在大門旁邊等著我帶他出門上學，我絕對是比他賴在床上鬧脾氣不肯起床的時候還更能當個溫柔的好媽媽。用慈祥和藹對待一個欣然聽話的孩子，遠比對待亂鬧撒野的孩子容易多了！要是孩子的行為不佳，相同的邏輯同樣適用。如果說孩子本身的性情容易滋生事端，是故父母施以嚴格的紀律管教以期改善孩子的行為，這完全是合乎情理的。或許孩子不要那麼嗆的話，這些父母也可以很慈祥和藹。所以我們發現底線在於，當我們在教養實務和孩子的行為之間找到相關性時，我們無法知道何種可能的解釋是正確的。該是某種特定的教養方式導致孩子的行為，或是孩子的行為導致父母實施特定的教養？

我們發現這是一個非常重要的區別，以親子間的相關性當作證據來說明教養是孩子行為的推手，這樣的解讀不僅是錯誤，而且已經造成了深遠的影響。讓我舉一個比較震撼的例子，從學界長期下來研究自閉症兒童得到的不同看法，就可以說明這樣的迷思。最起初，自閉症被認為是因為冷漠的母親沒有適當地與他們的寶寶互動導致孩子生病。醫學專家之所以做出這樣的結論，是因為研究人員觀察到自閉兒的媽媽比較少對她們的寶寶笑、說嬰兒語和互動，不像一般媽媽那樣。這裡與自閉症有關的相關性是母嬰之間缺乏互動，但研究人員卻做出錯誤結論，認為孩子的自閉症是因為母親行為冷淡所致。後來，研究人員對自閉兒的家庭進行長期研究，卻發現在有自閉症兒童的家庭裡，這些母親在孩子還沒發展出自閉症徵兆之前，與孩子的互動跟一般普通家庭並沒有兩樣。問題在於，後來顯現出自閉症症狀的兒童並不會像大部分正常發展的嬰兒那樣回應各種母親的愛的行為，他們不會像一般的嬰兒那樣咿咿呀呀，眼神不會與母親交會，他們對親子互動似乎並不樂在其中。漸漸地，自閉兒的母親就變得比較少做出這類互動行為，變成研究員眼中的「冷漠媽媽」。從這個例子，我們可以看到完全不是母親的行為影響了孩子，而是孩子的行為影響了母親。

對親子進行長期研究是仔細梳理教養是否真的具有某種效應的一種方法，研究人員在記錄下孩子早期的模樣之後，可以在其後驗證雙親的行為是否會影響孩子未來的行為，反之亦然。而當研究人員針對親子進行長期研究之後，發現了一個驚人的事實。一般而言，孩子的行為對父母未來的教養所產生的影響，高過父母教養對孩子未來行為所產生的影響。換句話說，我們的孩子會影響父母採用何種教養方式，其程度大於父母影響孩子。

舉例說明，幾位知名的兒童發展學家主持了一項橫跨九國的大型研究，他們找了全世界來自十二個文化組別，幾近一千三百名兒童和他們的雙親為對象進行追蹤研究。（這九個國家包含：中國、柬埔寨、義大利、約旦、肯亞、菲律賓、瑞典、泰國和美國。）這項研究是在參與家庭的孩子進入八、九、十、十二和十三歲的時候進行追蹤觀察，研究人員會在各個不同的時間點，檢測父母的教養行為和孩子的情緒及行為問題之間，會造成什麼樣的雙向影響。這項研究發現一個所有文化組別皆然的現象：孩子對父母在下一個年齡段期間的教養方式會產生巨大的影響。也就是說，如果孩子在現階段出現較多情緒或行為方面的問題，則可預測到下一個年齡段，父母對孩子的和藹可親會減少，掌控則會增多，即使是考慮了孩子和父母先前的行為因素也是一樣。相反的，並沒有太多的證據顯示可以從父母的教養來預測孩子未來的行為。父母對待孩子是寬容還是限制，其程度對於孩子後來會不會出現情緒或行為問題並沒有很大的影響。這份研究強調，相對於父母能不能形塑孩子未來的行為，不如說孩子會驅動父母日後的教養方式，因為父母的教養方式是對孩子行為的回應，這項發現在全球都得到相同且一致的結果。

去解讀親子關係之間的相關性來說明父母的行為會導致孩子的行為（或反之），還有另一個問題。對孩子和父母的行為都產生影響，並使其看起來很相似的，可能另有原因，即使雙方行為本身並沒有直接彼此影響，這種因素我們稱為「第三變項」。想想這個例子，買冰淇淋和戴墨鏡之間存在一種相關性。但這意味著吃冰淇淋會讓人戴上墨鏡嗎？還是說戴墨鏡會讓人想吃冰淇淋？當然，以上答案皆為否。吃冰淇淋和戴墨鏡之所以有關聯，是因為有另一種原因影響了這兩種行為，有一個第三變項在這個情境中發揮了作用：就是氣溫高升的豔陽天。高溫的豔陽天會使人們比較想要吃冰淇淋「和」戴上墨鏡。講到生理父母和孩子之間存在的相關性，也就是對父母和孩子的行為都產生影響的那個「另一種原因」就是：他們共同的基因。

回到上面提到的例子，我們曉得行為和情緒問題是受到遺傳因素影響。所以，當我們發現父母的慈祥和藹跟孩子的正向行為有關時，有三種可能性的解讀：一、父母的親切和藹促使孩子更聽話；二、乖巧的孩子促使父母更加和藹；又或者可能是：三、事實上是基因會影響情緒和行為，而且生理父母和孩子擁有共同的基因，這個相關性純粹是這個事實的副產品。雙親若是帶有正向行為的基因（也就是讓他們比較能夠成為正面、親切的父母），就會比較有可能將好行為的基因遺傳給他們的孩子。我們也知道暴躁的個性是會遺傳的，所以說，父母的嚴格管教與孩子的暴躁脾氣出現相關，可能的原因會是：一、父母的嚴格管教導致孩子的暴躁脾氣；二、孩子的暴躁脾氣導致父母更加嚴格管教，或者也可能是：三、管教嚴格的父母可能具有暴躁性格的基因，而他們的孩子也因此帶有這種基因，進而使得他們的脾氣更暴躁。這些可能性都不會彼此互斥，事實上，這些過程（也有可能是相互的組合）都有可能發生。（別忘了，孩子得到的只有你百分之五十的基因，另外百分之五十是來自另一方的父親或母親，這就是為什麼我們無法保證你的孩子會遺傳你優秀的——或沒那麼值得擁有的——特質。）

簡單來說，當我們看到教養實務和孩子身上的成果之間出現相關性，會讓人很想要直接判定父母能夠影響他們的孩子（很多兒童「專家」都是這樣！），但是，孩子會驅動父母行為的可能性同樣存在，又或者親子之間的相似性不過是因為他們擁有某些共同的遺傳基因。無論孩子的表現是美好還是令人失望，或許跟他們美好或令人失望的父母無關。如果不能透過實驗設計，我們無從得知。我們曉得的是，有某種因素在父母教養和孩子行為之間建立起相關性，我們只是不曉得那個因素是什麼。還好，我們可以透過一些自然形成的實驗，讓我們分辨基因的重要性和環境的影響，研究孩子的行為到底有多少是由基因驅動，有多少是來自父母教養的影響。

領養研究：基因所扮演的角色

領養研究是最初始也是最理想的「自然實驗」，[3]讓學者能夠梳理基因和環境各自帶來什麼樣的影響。前面談到了父母和孩子之間的相關性（以及這些無法讓我們了解父母教養實際到底發揮了多少作用），我指的是有血緣關係的父母和孩子。當父母和孩子擁有血緣關係，他們擁有相同的遺傳基因，又生活在相同的家庭環境，所以當父母和孩子看起來很相似時，我們無法辨別是什麼原因導致了相似點，是因為遺傳關係還是因為家庭環境的影響？但是在領養的家庭裡，基因和環境因素就自然而然地分開了。領養的

3 譯注：自然實驗（natural experiment）是一種觀察實驗。在這種研究中，控制和實驗變量不是由研究人員操縱，而是允許受到研究人員控制之外的自然或因素的影響。自然實驗不受研究人員控制，而是由研究人員觀察和分析。

孩子（當孩子是由無親屬關係的人撫養時）遺傳到的基因來自生父生母，後者並沒有提供孩子生活的家庭環境，反之，孩子的家庭環境是與之無基因關聯的養父養母所提供。換句話說，基因與環境的影響在這樣的案例中就自然而然地分開了。這可以說是完美的條件：基因來自生父母，環境則是由養父母提供。

這表示研究人員可以從被領養的兒童、他們的生父母和他們的養父母（有時還包括手足）收集到資料，用來理解基因稟性到底發揮多少作用，家庭環境又占了多大的重要性。領養的孩子是跟他們的生父母行為比較像，還是跟他們的養父母比較像？若是前者就表示基因因素比較重要，若是後者則表示與教養有關的環境影響比較重要。這是一種自然實驗，能夠分別基因影響和成長環境的影響。

領養研究不只是能夠幫助我們理解人類行為，其中最有力的一項應用屬於思覺失調症的研究。思覺失調症在過去稱為精神分裂症，[4] 這是一種嚴重的精神疾病，大約有百分之一的人會受影響，受影響的人會出現幻覺和妄想，兩者中出現一種或兩者皆有。就跟自閉症的案例一樣，醫學界最初也認為思覺失調症是因為壞媽媽的行為所導致（孩子無論大小事都是媽媽背黑鍋，嘆氣）。這種理論認為孩子會出現精神分裂，是由於稱為

「精神分裂基因型母親」（schizophrenogenic mother）所導致，這種母親冷漠、疏離，沒有給孩子充沛的親情，孩子才會生病。[5] 想想看：你的孩子得了一種嚴重的精神障礙，無法與現實世界產生連結，你是個做媽媽的，結果人家告訴你「都是你的錯」？你一定能想像這個過程有多痛苦。首先，你看到孩子疾病發作受苦的樣子，去尋求醫生和專家協助，卻是在傷口上撒鹽，他們說都是你這個做媽媽的責任！很遺憾的，這種情況不只是發生在思覺失調症（和自閉症）上面。一直到一九五〇年代，醫生廣泛認為，絕大多數的精神疾病和行為失調都是因為父母失職所致。不過，接下來開始有人進行領養研究了。

4 譯注：思覺失調症（schizophrenia）舊稱「精神分裂症」，台灣精神醫學會及中華民國康復之友聯盟於二〇一四年宣布將此精神疾病更名為「思覺失調症」，以避免人們的誤解和汙名化。

5 譯注：這種看法出現在二十世紀中葉，但到了八〇、九〇年代便遭到駁斥。

一九六〇年代晚期，一名學者發表了一項研究。這項研究追蹤五十名兒童，他們都是在一九一五年至一九四五年間，在美國奧勒岡州醫院由患有思覺失調症的母親所生下的孩子。所有的孩子都在誕生後頭幾天就與母親分開，接受沒有思覺失調症的父母領養。研究人員在這些孩子的三十歲代中期進行追蹤，將他們與生母沒有思覺失調症病史的領養孩子比較。研究發現，生母有思覺失調症病史的孩子當中，雖然他們並沒有與他們「精神分裂基因型母親」有任何接觸，卻有百分之十七仍舊發展出這種身心失調的疾病。換言之，患有思覺失調症的母親所生下的孩子當中，有將近五分之一的機率會發展出這種疾病，然而，思覺失調症在一般人當中的發生率事實上是百分之一，而研究中拿來做對照的孩子（也就是生母沒有患上思覺失調症的）都沒有發展出這種疾病。這是一項說明基因對於罹患思覺失調症具有重要性的有力證據，孩子會患上這種疾病完全不是爸媽教養的問題。現在，我們已經知道思覺失調症是一種高度受到遺傳影響的疾病，遺傳率大約是百分之八十。

在思覺失調症方面，領養研究清楚地告訴我們，孩子的許多狀況是基因要負責，不是肇因於父母的教養。此外，生物學扮演的角色並不只是介入像思覺失調症那般嚴重的疾病而已。幾乎所有採用領養研究設計法的研究（從酒精問題到嬰兒的羞怯問題），都能從結果當中找出毫不含糊的證據，證明基因確有其效力。孩子就算不是被親生父母扶養長大，所有的行為結果還是會跟他們相像！人類的基因程式設計是非常強大的。

不過，爸爸媽媽們先不用絕望，孩子的命運也不是完全取決於基因。領養研究還告訴我們家庭環境也扮演了重要的角色。這裡舉一個瑞典的領養研究為例子，這項研究檢視的是犯罪行為。是什麼因素讓孩子比較容易惹上法律上的麻煩？[6] 世界上幾個最大規模的領養研究都是在瑞典進行的，因為該國的人口檔案系統會註記個人所有的家庭關係（包括出生、領養紀錄），範圍遍及所有出生和居住在瑞典的人。從家庭資訊可以連線到其他國民檔案，從健康紀錄、住院紀錄、用藥檔案到犯罪紀錄。（我美國的同胞每次聽我談起北歐國家因為建置這樣的國民檔案，而有辦法在北歐國家進行研究時，總是非

6 美國存在著諸如制度性歧視的多股力量，深遠地影響了刑事司法系統對人民資訊掌握的用途。而瑞典是個民族同質性較高的國家，瑞典社會沒有這類難題，所以就算研究中所牽涉到的要素與刑事司法系統所掌握的資訊相關，他們還是能夠進行不帶偏見的研究。

常驚訝。對美國人來說，社會能夠為研究的進行投注如此高的價值，是種非常不同的文化心態。）瑞典的國民檔案資料庫讓學者有辦法從人口檔案中提供的資料，據以調查領養的孩子分別和他們的生父母、養父母之間存在多大的相似性。

為了了解哪些因素會引致反社會行為，研究者從瑞典刑事紀錄中收集以下這些人的刑事判決資料：受領養的孩子、他們的生父母及他們的養父母。調查發現，領養的孩子即便不是被生父母扶養長大，但如果他們的生父母有過犯罪紀錄，他們發生犯罪行為的機率也會增加。雖說並沒有哪一項基因會導致犯罪行為，但別忘了在序言中講過，像凶暴和衝動這類的個性特徵在早期就會出現，屬於受遺傳影響、幾乎不會改變的性格要素，不難想像這類特質比較容易惹上法律的麻煩。

這項領養研究有一個重點，研究人員建立了一個「環境風險分數」，這個分數是取決於養父母及家中其他手足的犯罪紀錄，再加計領養家庭中所發生的離婚、死亡或生病事件，以此作為環境壓力因子增加的假設。結果發現，領養孩子的犯罪機率增加也與環境風險有關聯。換句話說，證據顯示基因和家庭環境都對小孩的犯罪行為有影響。

領養研究容許研究者在理論上將基因和環境的因素分開，這一點非常重要，但是限制還是存在。原因在於領養實務變得越來越「開放」，被收養的孩子可以跟原生父母保持一些聯絡。原生父母「有基因無環境」和養父母「無基因但有環境」可以自然而然地分隔開來的這個條件，就被打亂了。另一個使事情複雜化的因素，是孩子出生前的環境是掌控在親生母親手裡，所以孩子出生前的環境和基因效應是無法脫鉤的，研究人員只能研究孩子出生後進入領養家庭以後的環境效應。不過話說回來，現在要進行領養研究的最大難題之一，恐怕是送養孩子的需求在世上許多地方都變得越來越少，其中部分原因就是人們已經不再將未婚或非婚生子視為那麼重大的醜聞了。倚靠大型國家檔案（例如瑞典）進行研究，僅限於研究政府資料庫能取得的資料，如果研究人員想要研究官方以外的資料，現在可以說是越來越難。

雙胞胎研究：了解基因影響力的有力方式

還好，還有另一種自然實驗可以讓我們研究基因和環境的影響力，那就是雙胞胎研究。隨著領養研究變得越來越不好進行，雙胞胎研究變得越來越常見。雙胞胎不管在哪一方面都讓人感到興味無窮，想像一下你有一個完美分身走在這個星球的某條大街上，而這正是同卵雙胞胎的普通日常！雙胞胎基本上分成兩種，同卵雙胞胎和異卵雙胞胎。同卵雙胞胎是一個卵子和一個精子結合成受精卵，發育過程中，在某個時間點分裂成兩個胚胎（背後的原因我們還無法全盤了解）而形成。瞧，基因完全相同的兩個人欸！

英文裡的同卵雙胞胎在醫學和科學領域稱作「monozygotic twins」，字根的 mono 是單個的意思，monozygotic（或簡稱 MZ）就是表示這種雙胞胎是從單一個胚胎分裂出來的意思。[7] 同卵雙胞胎是從同一個受精卵發育而成，所以他們擁有百分之百相同的遺傳素材，他們的 DNA 序列完全一模一樣。由於同卵雙胞胎的基因完全一致，所以同卵雙胞胎的性別一定是相同的（兩個都是男孩或兩個都是女孩）。

另一種類型是異卵雙胞胎，科學上的術語稱作「dizygotic twins」（簡稱 DZ），「di」在希臘語的意思是「兩個」，用以說明異卵雙胞胎是從兩個不同的胚胎發育而成。兩個卵子和兩個精子結合成兩個受精卵，異卵雙胞胎是這樣來的，就像普通的手足那樣，只是剛巧有兩顆卵子同時受精，同時在子宮裡長大，所以他們只除了歲數會相同以外，其他都跟一般的手足沒兩樣。異卵雙胞胎的基因素材有平均百分之五十是相同的，這一點也跟一般的手足情況一樣，所以說他們的性別可以是相同，也可以是不同，任何手足也是如此。

雙胞胎提供了很好的「自然實驗」條件，因為他們基本上是「兩種」歲數相同的手足，在同一個家庭，由同一對父母扶養長大，但是他們的不同點在於他們的基因組成相同度有多少。研究雙胞胎的科學家經常需要從好幾千對雙胞胎（同卵、異卵皆有）收集數據，比對同卵雙胞胎彼此間有多大的相似程度，也會比對異卵雙胞胎間有多大的相似度。如果有某項因素是完全取決於家庭環境，那麼同卵雙胞胎基因組成的相同性比異卵雙胞胎更高這一點，應該不具重要性，兩種雙胞胎相似的程度應該要同等才對。

舉例來說，假設雙親中有人有濫用酒精的問題導致環境因素中的酗酒問題升高，原因是家庭的壓力因子升高或家庭經常有酒精存在，那麼具有相同條件的手足（雙親有濫用酒精問題），也應該會有較高的機率出現酗酒問題，無論他們之間的基因差異有多

7　譯注：同卵雙胞胎在英文裡俗稱「identical twins」，意思是兩個完全一致的雙生子。

大。也就是說，假使環境因素占全部的話，那麼如果我們任意揀選兩個小孩，讓他們生活在父母中有人有酗酒問題的家庭，兩人應該都會有較高的機率出現酗酒問題才對。當然我們倫理上不可能真的去做這種事，不過雙胞胎在這個題目上提供了一個變因：由相同父母扶養長大的孩子，其中某些人（同卵雙胞胎）彼此間的基因組成相似度比其他人（異卵雙胞胎）更高。

好，再說回來，如果酗酒問題不完全是環境造成，基因會影響某個人染上酗酒疾患（這只是舉例）的話，那麼基因組成雷同度更高的同卵雙胞胎在酒精問題上的表現，應該具有比異卵雙胞胎更高的相似度。如果某件事是完全受基因左右，則同卵雙胞胎應該彼此完全一模一樣才對（相關性為1.0），因為他們的遺傳密碼完全相同，而異卵雙胞胎應該是一半相似（相關性為0.5），因為他們只有一半的基因是相同的。經過研究發現，同卵雙胞胎的任何行為都比異卵雙胞胎更加相似，所以我們知道行為是受到基因影響的。

最後，如果同卵雙胞胎並不是全然相同（同卵雙胞胎在性格和行為上絕大部分相同，但並非全然相同，所以科學家不喜歡稱呼他們「完全一致」〔identical〕），這就告訴我們一定有其他隨機的環境因素影響了我們的某種特定特徵。舉例來說，如果雙胞胎的其中一個經歷了一起壓力事件，例如說一場車禍或與戀人分手，另一人則無，又或者是雙胞胎其中一個的交友圈與另一個手足沒有重疊。簡單來說，同卵雙胞胎有某種不同的表徵，研究人員並不曉得為什麼會有這樣的不同；我們只能知道是某種環境影響因素發生作用，導致了這樣的差異出現，因為同卵雙胞胎的基因幾乎是完全一致的。

至今，世界各地的學者已經進行了好幾千項雙胞胎研究和領養研究，試圖去了解你所能想像到的各種行為。許多國家都建置了全國性的雙胞胎出生紀錄檔案庫，像芬蘭、挪威、丹麥和瑞典都做過大型的研究。我曾經參與過一項研究，對象是一萬名在一段十年期間於芬蘭出生的雙胞胎，我們從這些雙胞胎十二歲開始追蹤他們直到中年（約四十五至六十五歲間），試圖了解他們飲酒問題的發展過程。荷蘭建置了一個大型的雙胞胎管理資料庫，裡面登錄了大約十二萬名雙胞胎，其中有一個子集是記錄作為研究對象的雙胞胎兒童及其雙親，時間點是這些兒童三歲、五歲、七歲、十歲、十二歲時，作為早期兒童行為發展的研究用途。其他大型雙胞胎研究則是靠招募特定目標對象，美國有幾個州是透過駕照或出生紀錄來設立雙胞胎資料庫。我目前任教的大學[8]就設置了像這樣的一個雙胞胎資料庫，涵蓋範圍包括美國大西洋沿岸中部的七個州。[9]研究人員利用這些資料庫進行了像是物質使用和精神疾病的研究、個性和智力的研究，還有離婚、快樂、投票行為、信仰宗教、社會態度等，幾乎所有你能夠想得到的事情都有人研究。幾乎每一種行為都有人利用雙胞胎（和／或領養）研究的設計方式來進行研究，這是為了理解基因和環境影響因素會如何影響該種行為。

能夠概括這所有研究的一項結論就是：「幾乎一切事物都受到基因影響」。同卵雙胞胎（基因密碼完全相符的兩個人）的相似程度幾乎一定會比異卵雙胞胎（基因密碼只有一半相同的兩個人）還高，即使兩對手足在同一個家庭，由同一對父母扶養長大。我們這裡用各類兒童行為研究所得到的相關性為例來說明，研究雙胞胎的學者不停地從研究中得到一貫的結果，很具代表性（還記得嗎？前面提過雙胞胎之間的相似性是用相關性分數來衡量，從0到1.0，0表示無相關，某種表徵在雙胞胎身上完全不同，1.0表示完全一致，分數越高，則該表徵的相似程度越高）。一項關於自制力的大型研究顯示，同卵雙胞胎的相關性是0.6，異卵雙胞胎的相關性是0.3。三歲兒童的焦慮和憂鬱研究：

男孩子當中，同卵雙胞胎的相關性是0.7，異卵雙胞胎是0.3；女孩的研究中，同卵雙胞胎是0.7，異卵雙胞胎是0.4。七歲兒童的行為問題研究：男孩子當中，同卵雙胞胎的相關性是0.6，異卵雙胞胎是0.4；女孩的研究中，同卵雙胞胎是0.6，異卵雙胞胎是0.3。好了，再講下去讀者都快要睡著了，我想你們已經了解我想要講什麼。不管是男孩還是女孩，幾乎所有兒童（和成人）的行為研究都顯示出同卵雙胞胎的相關性遠高於異卵雙胞胎，這意思是說，基因密碼越雷同的手足，相似度就越高。基因確實占有一席之地，我們並不是生來就是一張白紙。約翰·洛克是影響兒童心理學最初發展的哲學家，不過他錯了。兒童生來就帶著基因密碼，那會決定他們是否天生就比較膽小、比較衝動、比較暴躁，或是帶有任何其他特性。

有如此廣泛的證據說明基因會影響行為，你可能會好奇：所以說是基因決定了一

8 譯注：作者任教的大學是美國維吉尼亞聯邦大學（Virginia Commonwealth University）。

9 譯注：這個地區包括紐約州、紐澤西州、賓州、德拉瓦州、馬里蘭州、華盛頓特區、西維吉尼亞州。

切？一旦了解我們的行為和生活中許多層面都是基因促成（下一章會有更多討論），恐怕很難想到有哪些事情會不受基因影響。說真的，要不要努力想一下？

我來講幾個。我們會講的第一種語言完全取決於環境，我會開口說的是英文而不是中文，並不是基因注定我會說的是英文，而是因為我周遭的人說的是英文。這並非是說一個人的語言學習力沒有受到基因影響，不過，你生下後開口說的是哪一種語言完全是由環境決定。一個人最初的宗教屬性也是如此，基因不會決定一個人生下來會受洗成為天主教徒或聖公會教徒，你生下後成為天主教徒或聖公會教徒（或衛理公會，或佛教徒、猶太教徒……），是取決於家庭的宗教屬性。雖說如此，一個人長大以後決定要接受哪一種信仰則是會受到基因影響。

當我們能夠捨棄傳統式家庭研究，改採另一種方式的研究，真正去梳理兒童的基因組成和教養所帶來的影響，就可以清楚看到壓倒性的證據：我們的基因會影響我們的天生氣質和性格傾向，以及我們的行為、生活的各個面向。維吉尼亞大學的艾瑞克・特海姆（Eric Turkheimer）博士是一位知名的行為遺傳學家，他寫下了很有名的行為遺傳學頭號法則：「所有人類行為特徵都具有遺傳性」。事實就在眼前，無數的研究也已經做了。這條法則還是有一些例外，但還是有壓倒性的證據顯示人類行為無疑地受到我們基因的影響。

出生即別離：從個案研究來看基因的強大力量

吉姆．路易斯（Jim Lewis）和吉姆．史賓格（Jim Springer）在三十九歲的年紀相遇。他們開同一款車，在佛羅里達州同一個海濱度假。他們抽的都是撒冷牌（Salem）香菸，都有咬手指甲的習慣，都娶了名字叫貝蒂的女人，前妻的名字都叫做琳達。其中一個把他的兒子取名叫做詹姆斯，另一個的兒子也是叫詹姆斯。兩個人都養了一隻叫做「托伊」的狗。他們倆拼字成績都很差，數學很好，兩人都以木匠為業，都接受過一些執法訓練。身高都是六英尺，體重都是一百八十磅。[10]三十九歲以前，兩人未曾謀面。這兩位吉姆是同卵雙胞胎，出生後就被兩個不同的家庭領養，兩人分開後從未聽過彼此

---

10 譯注：六英尺等於一百八十三公分，一百八十磅等於八十一公斤。

的存在，直到將近四十年後，才在研究室裡兄弟重逢。

一出生就被分開的同卵雙胞胎，是雙胞胎研究設計的另一種變因，可以讓我們了解基因和環境的影響因素有多重要。這種實驗的設計非常有趣。想像一下：兩名基因遺傳完全一致的嬰兒，進入完全不同的家庭，由不同的父母扶養長大。[11]這種實驗是一個難得的機會，可以探討基因遺傳完全一致的兩個人，當他們由不同的父母撫養長大時，會變得多麼相似或相異。

確實正如你所想的，同卵雙胞胎一出生就被分開，然後交由兩個不同（意思是無親屬關係）的家庭扶養，這種情況極為罕見。不過，在一九七〇年代晚期，明尼蘇達大學的研究人員展開了一項極具指標意義的大型研究，他們開始追蹤研究在嬰兒時期就被分開的雙胞胎。在這段長達二十年的研究期間，研究人員找到超過一百對出生即別離的雙胞胎，邀請他們到研究室，用一個星期的時間進行心理和生理方面的評估。這個實驗讓許多對雙胞胎有生以來頭一次與手足重逢，前面提到的兩位吉姆就是這些重逢的手足當中非常知名的一對雙胞胎。

這項研究得到引人注目的結果，異地長大的同卵雙胞胎彼此相似的程度跟一起長大的雙胞胎幾乎毫無二致，從個性和天生氣質、社會態度、感興趣的工作和閒暇愛好等。這項前所未聞的計劃得到了令人震驚的研究結果：由同一對父母扶養長大，並不會比在不同家庭長大的手足更相似。

特海姆博士那篇描述行為遺傳學法則的知名論文中，跟在「所有人類行為特徵都具有遺傳性」之後的第二條法則就是：「在同一個家庭長大所得到的影響，比基因的影響還小」。科學研究顯示，遺傳一模一樣基因的人長大後會驚人地相似，即便他們在完全不同的家庭中長大。

---

11 倫理上，研究者不得在未經同意的情況下將兩名雙胞胎分開，讓他們在不同的家庭長大。二〇一八年的紀錄片電影《孿生陌生人》（Three Identical Strangers），拍攝的對象是三名互不相識，長大後奇蹟重逢的孿生兄弟，原來是一家領養機構為了進行研究，以違背倫理的方式將三名孿生兄弟拆散，分別送往不同的領養家庭。

大哉問：父母難道不重要嗎？

等等，難道這些驚人的研究是在說，不管我們成為怎樣的父母都沒差嗎？實在令人遺憾，行為遺傳學研究得到的結果常常被人這樣解讀。這並不是做父母的人會想聽到的訊息，所以基本上這種研究結果並不討父母喜歡。不過，像鴕鳥般集體把頭埋進沙子裡，假裝基因對孩子的行為和表徵不會造成深刻的影響，這種想法一點助益也沒有。這種想法導致那些下了雙倍決心，堅決要用父母的影響力來「塑造」孩子的爸爸媽媽們承受了前所未見的壓力，他們不得不在內心偷偷問自己，為什麼他們無法讓孩子……（請自行填空）。這種想法也導致了社會上批判的文化，當人們看到孩子舉止失當時，就會立刻歸咎於父母，認為必定是他們有哪裡做錯了。如果能夠正視並了解孩子的天生遺傳特性，我們能夠做得更好，不至於常常變成徒勞無功的父母。

基因對孩子的行為會產生深刻影響這件事，並不表示父母就不重要，僅僅表示基因是具有重要性的。父母在我們能想到的很多方面以外都具有重要性，我們下一章就要來談談這些。

重點整理

- 關於父母的教養，我們所得知的多半來自試圖從教養實務和孩子行為之間尋找相關性的家庭研究。這些研究遭到錯誤解讀，導致人們認為父母的教養能夠形塑孩子的行為。然而，孩子的行為導致父母採取相應的教養法這件事同樣有可能發生，又或是父母和孩子之間的相關性單純來自於親子之間共有的遺傳基因。家庭研究具有這些基本上的缺陷，因此，教養到底帶來什麼樣的影響，我們能夠從家庭研究中得知的非常少。
- 領養研究能讓我們去梳理基因和家庭環境分別會造成什麼樣的影響。領養研究可以測試孩子跟親生父母（有血緣關係但沒有提供成長環境的父母）和養父母（無血緣關係但提供教養的父母）有多相似。大量的研究結果發現，孩子會像他們的親生父母，這為遺傳基因會影響行為的說法提供了強力的證據。
- 雙胞胎研究也讓我們能夠針對基因排序一致的同卵雙胞胎，和平均來說僅擁有相同百分之五十基因的異卵雙胞胎進行比對，來研究基因和環境影響因素所具有的相對重要性。這些研究發現，同卵雙胞胎在每一項受試的行為上幾乎都比異卵雙胞胎相似度更高，這進一步強化了基因會影響人類行為的重要性。研究也發現，在不同家庭長大的同卵雙胞胎，跟在同一個家庭長大的同卵雙胞胎，其彼此間的相似度並沒有差多少，而這對基因會影響人生成果的重要性進一步提供了證據。

• 總結來看，這些研究得到極具說服力的結果，基因稟性在形塑兒童行為方面扮演重要的角色，而基因帶來的影響因素大於教養實務的影響因素。

第 2 章

基因如何影響我們的人生

希望現在我已經說服你相信，你的孩子身體裡裝著一組令人著迷的基因，活生生地展現在你眼前。這組基因會影響孩子是否會頂嘴，是否會乖乖聽話，是否喜歡閱讀，是否常常哭泣，甚至聽說聖誕老人會來家裡是否會驚嚇到不行。是的，你沒看錯。我六歲大的外甥女只要想到有外人在他們家裡就會很害怕，她害怕到家人每逢聖誕節都必須寫一張留給聖誕老人的紙條，要他只要在樓下停留就好（我妹妹哄勸她要妥協一點，因為家裡還有另一個孩子很希望聖誕老人來）。

基因對孩子的行為有深刻的影響，但我們到底該如何從實務層面來看這回事呢？

我很喜歡的一篇文章叫做〈不知用途的基因〉（A Gene for Nothing），作者是和我同行的羅伯・薩波斯基（Robert Sapolsky）教授，他寫了許多本暢銷書，像是《斑馬為什麼不會得胃潰瘍》（*Why Zebras Don't Get Ulcers*）。我跟薩波斯基一樣都是從事遺傳學研究，但我很討厭有人言必稱「致××的基因」，可是媒體卻很喜歡這樣講。收看新聞，你會讀到「致酒癮的基因」、「致憂鬱的基因」、「致乳癌的基因」、「致攻擊性的基因」！事實上真相卻遠遠複雜多了。人類只有大約兩萬個基因，其中大部分都是負責編組成像是眼睛、耳朵、手臂、血管之類的器官。如果每一個生理器官和每一種行為都需要有一個基因負責的話，我們很快就會沒基因可用了。果蠅的基因大約是一萬四千個，人類小孩的身體構造跟果蠅比起來可複雜多了，可以想見一定有別的因素在發揮作用。

小小的基因具有強大的力量，我們在高中生物課都學過（還記得學過用旁氏表推算眼珠顏色嗎？），對於像我們這樣沒有罕見單基因遺傳疾病的人來說，基因稟性是透過潛藏的方式對人生發揮影響力。並沒有哪個基因是負責一個人的社交力、恐懼或是壞脾氣——一發作起來，商店人員只想速速幫你開個新的結帳櫃檯，盡快把你送走。

事實上，行為是非常複雜的，從一個人的智力到個性，都受到許許多多的基因影響，說有成百上千個也不為過。舉例來說，若是你孩子有焦慮（衝動、恐懼或任何其他種行為）的遺傳傾向，那就是他們身上會影響焦慮的數千種基因在發生作用。某些遺傳變因會增加風險，某些會減少風險，孩子在每一種行為維度上會落在哪一個位置，是由所有這些風險性和保護性基因加在一起產生的綜合性影響。

孩子身上的大部分複雜表徵是很多、很多基因同時發揮作用而呈現的結果，這就是為什麼平均下來孩子都會像父母，但也並非絕對。我們知道都是籃球員的父母生下的孩子不一定就都是高的。一般而言，身材高大的父母比較可能會生下高大的小孩，是因為父母擁有的「高大基因」（那些可以增加身高的基因）多過於「矮小基因」（會縮短身高的基因），所以這些基因加總所製造出來的身高能夠超過平均水準。身高比較高的人不代表他們身上就沒有任何矮小基因，只是比較少而已。我們各從父母身上得到的百分之五十遺傳變因是隨機的，這表示孩子也有可能會從身材高的父母得到大部分的矮小基因。這並不是說「很有可能」，畢竟高䠷的父母身上的高大基因多於矮小基因，只能說「有機會」。高䠷父母會生出矮小的孩子，原因就在這裡。頭腦聰明的父母可能會生下智力一般的孩子，外向的父母可能會生下內向的孩子。平均而言，孩子會像他們的（親生）父母，不過，孩子會得到什麼遺傳就好像擲骰子一樣（也就是父母雙方各百分之五十的遺傳變因加起來），永遠難以預知！

學者目前還在研究，試圖找出所有跟各種疾患和性格表徵相關的基因，雖然已經得到一些進展，但我們還有很長的路要走。這是由於行為的差異性實在太大，而且人們的行為並不會自動落入明確的分類（例如，衝動跟不衝動），我們從人群中所觀察到的多數行為是分布成一種鐘形曲線，其中必定有非常、非常多基因的在發生作用。基因不會「為了」某一種特定行為而編成，基因是藉由影響大腦的組成方式來影響行為。

大腦構造和功能的個別差異是高度受到遺傳影響的，意思是基因在其中發揮了強大的影響力。然後，基因是如何寫入大腦裡的「線路」，則會導致我們天性當中的各種傾向，諸如：恐懼、焦慮、沮喪、追求獎賞。大腦會影響注意力、記憶力、認知力，以及學習事物的方式。受到大腦影響的還包括一些複雜的過程，像是如何讀懂社會上約定俗成的「空氣」，還有像是生理時鐘、睡眠等生物維持自身運作與環境相關的基礎生物學過程。基因會影響大腦的發展，從基礎開始界定每一個獨立個體在生物學和行為上注定要與眾不同的許多相異點。

舉一個我參與過的研究計劃為例，我們試圖想要了解為什麼有些人發展出酗酒問題的風險比他人高。研究當中的一個活動是測量受試者的腦波活動，我們發現，有酗酒問題的人，大腦跟別人不太一樣。這聽起來好像沒什麼好驚訝的，你大概也猜得到，大量攝取酒精等有毒物質會侵蝕一個人的大腦（確實沒錯）。不過有趣的是，我們觀察到類似的腦波活動差異出現在父母有酗酒問題的孩子身上，甚至是在這些孩子還沒嘗試過酒精之前！這些差異反映出與衝動、獎賞處理、認知控制有關的大腦機制，更有甚者，這些大腦的差異並不僅是與酗酒問題有關，那些有注意力不足過動症、行為問題及其他藥物成癮問題的孩子身上也發現到同類型的差異，這些全都與衝動和自制力有關。換句話說，有些孩子的大腦「線路」會使他們比較容易衝動，導致在發展期間承受種種不同表徵的風險，在他們年幼的時候這些問題可能是注意力不足過動症或行為問題，等到他們長大後則變成是藥物使用的問題。

所以，基因影響的是大腦組成的獨特方式，而後者則進一步影響行為傾向。以上這些，還僅僅是第一步而已。遺傳因素之所以在人生表徵中占有如此重大的一席之地，另有一個原因，基因除了直接影響天性傾向以外，也跟環境有很深的關聯。透過這些基因和環境之間的關聯，基因以種種複雜、間接的方式放大其對我們行為的影響。基因的影響就突顯在這些基因與環境間產生關聯的途徑上，了解這些，我們才能扮演好最重要的角色：父母。

基因與環境的相互作用：基因用以塑造行為的關鍵方式

雖然人們曾在先天和後天的因素上進行了如此激烈的論戰，將基因相對於環境來探討，事實上是毫無意義的事。原因在於，基因和環境並非兩個可以分開視之的影響因素。一個人會遺傳到什麼基因或許有點像玩樂透，但是環境則否（大部分時候），環境並不是隨機發生的因素。遺傳傾向會影響我們把自己暴露在某些環境下，我們會如何經驗那些環境，以及那些環境會影響我們到哪一種程度。學者將遺傳稟性和環境經驗之間這種相互交織的情況，稱為「基因環境關聯影響」（gene-environment correlation）。簡單來說，基因和環境相互關聯，而且，我們的基因型[12]和環境全面性地互有關聯。

類型一：引發性和反應性的基因環境關聯影響

舉安東尼為例。安東尼從學步時期開始，就是個社交能力強的小朋友。三歲的時候，他喜歡大人帶他去雜貨店的時候穿戴上他的蝙蝠俠面具和披肩。他會跑到陌生人面前，興奮地告訴人家他有什麼什麼的超能力（雖然蝙蝠俠並沒有超能力，請包涵），然後問對方有什麼超能力。這是個很可愛的舉動，人們都會報以微笑，進而跟他聊起天來。因此，即使他這樣做沒什麼特別目的，這些互動讓安東尼有了自信，敢跟大人講話。他（無意間）學到大部分的大人都很友善，而且跟別人對話很好玩。等他上了幼兒園，他會逗留在教室裡跟老師聊天。要放學的時候，他會問老師能不能幫忙擦黑板，以便能跟老師在教室裡待久一點。老師覺得安東尼很可愛，當她問班上有誰自願去做什麼事的時候，安東尼的手一定立刻舉起來，老師還安排他坐在教室前排的座位上。這些都

12 譯注：基因型是指一個生物個體內所有的基因總稱，也就是該生物體從雙親那裡獲得的基因總和。

促使安東尼更加投入在課業上，部分是因為他想要取悅老師，部分是因為他坐在教室的前排中間。他得到激勵，成績很不錯，他都能跟他的老師們建立正向的關係。時間快轉到十二年後，安東尼成功進了哈佛大學，最後成為一位火箭科學家。好啦，事實上並沒有，不過你應該懂了我的意思。

天生氣質和天賦稟性可以影響到每天生活的極微小層面，隨著時間過去，這些小小的推力累積下來會發展出不可小覷的結果。安東尼的基因稟性就一點一點地將他推向一連串的「環境」經驗，進而影響到他與他所處環境互動的方式。這些環境影響開始累積，在他人生的故事版本中，最終引領他進入太空領域。這些「環境」效應全都是始於他受遺傳影響的天生氣質所致，說是副產品也不為過。

天生氣質會影響我們在這世界上生存的方式，既然天生氣質受到遺傳影響，也就是基因會驅動我們每天生活經驗的所有層面。如果你通常個性比較易怒，在商店裡結帳時恐怕也比較容易變得暴躁，店員幫你結帳的速度有可能就會慢下來。然後，這就會使你進一步肯定別人都很討厭，然後你又變得更容易生氣。

又或者你是個容易焦慮的人。有戶新鄰居搬到你隔壁，你想到要送他們一份表示歡迎的禮物，但接著開始擔心該送什麼好。你想：我可以烤些餅乾，但萬一他們不吃甜食怎麼辦？又或者我可以送他們一瓶葡萄酒，但萬一他們不喝酒，會不會反而冒犯了他們？不然，送他們一盤義大利千層麵好了，但萬一他們有飲食限制怎麼辦？最後你什麼都沒送。許多年過去，結果你從未結識僅僅是住在兩道門以外的那一家人，只有開車經過時友善地揮個手而已。你總是在想，如果能跟鄰居建立更深入一點的交情不知該有多好，這樣你臨時想要借顆蛋或是請人看一下孩子的時候，就會比較放心。住在對街的鄰居剛好與你相反，她的個性外向，新住戶遷入的時候，她毫不猶豫地就帶著瑪芬蛋糕去拜訪他們。新鄰居雖然對麩質過敏，不能吃用一般麵粉做的糕餅，但他們知道那是她的好心，對此一笑置之，兩家很快就交上了朋友。他們兩家人會互相幫忙在小孩放學後看小孩，讓另一家的父母可以喘息一下。要是有人突然得了急病，鄰居會幫忙照顧他們的小孩，照管一點家裡的事。兩種截然不同的結果，完全取決於一個決定，最根本的原因就是你對於去認識一個新朋友到底有多麼容易焦慮（或不容易焦慮）。

這是基因型影響環境的例子，基因影響的是無數我們所做的微小決定，最終全都會形塑生命樣貌。基因發生的影響從嬰兒時期就開始，持續在一生中發揮作用，連我們自己都沒有意識到的情況下，指引我們走人生路。學者將這種類型稱為「引發性」基因環境關聯影響。我們從這個世界引發各種不同的反應，而這些反應是基於我們受遺傳影響的性格特徵。我們的天生氣質，再加上其他許多受遺傳影響的部分（像是長相、智力、心理、行為），全都對我們在世間會接收到什麼樣的經驗發生影響。接著更進一步，周遭環境會因為每個人獨特的基因密碼做出回應，從而建立一種回饋的循環。笑呵呵的嬰兒比較容易得到大人以微笑和抱抱回應，如果只是路上偶遇陌生人，沒有人會想要抱一個正在哭泣的嬰兒吧？而且老實說，要長時間抱一個哭鬧不休的寶寶，就連父母也會受不了！

還不只這樣，從這裡要講到基因型和環境產生關聯的另一種方法。我們不只是會從這個世界引發回應，基因型也會影響這些回應。我們用來解讀和回應這個世界的方式各有不同，其中有部分是受到遺傳的天生氣質影響。回想最近你去參加派對時的一次互動經驗。你和朋友在食物桌旁邊和一個陌生人攀談起來，對方剛巧也是要來拿火腿比司吉。好巧，她也跟你們一樣在同一個產業工作，她還熱心地玩了好一會兒「猜熟人」的遊戲。對話結束，你們離開了食物桌以後，你對朋友說：「好無聊的人，一直想要攀關係，等一下我們絕對要避開火腿比司吉這一桌」，但你的朋友用不可置信的眼光看著你，說：「我還覺得她很親切呢！她只是想要和我們建立關係而已」。同一場互動，但不同的人得到不同的經驗。

這種差異稱為「反應性」基因環境關聯影響。天生氣質會影響我們對生活中遭遇的事物做出如何的反應。這是為什麼在同一個家庭、由同樣的父母扶養長大的兩個小孩，對於他們的父母可以得到不同的經驗和回憶。一方面，對於一個天生氣質比較敏感、情緒反應比較大的孩子來說，要是父母講話提高了聲量，孩子可能就會嚇到。孩子可能會害怕這個經驗，或者那會讓他們對父母產生距離感，跟父母比較不親近。另一方面，要是有另一個孩子——甚至是同一個家庭裡的手足——本身情緒的反應沒那麼大，或許父母提高聲量說話對他們來說根本沒感覺，沒什麼大不了的。客觀來看，父母對待兩個孩子是一樣的，但是對兩個孩子來說，由於他們受遺傳影響的天生氣質不同，跟父母相處所得到的經驗也截然不同。這個例子可以說明為什麼了解孩子的天生氣質，對於父母的教養一職具有這麼大的重要性。視孩子的遺傳特質而定，「相同」的環境事實上並不相同。

類型二：主動性的基因環境關聯影響

我妹妹金妮和我只差兩歲，我倆長大成人後感情還滿好的。不過小時候我們感情沒那麼好，成長期間我真的很受不了她（抱歉金妮，我愛你）。她讓我看不順眼的地方在於她是個完美的孩子，使我相形見絀，這在高中的時候著實形成一種危機。我大部分時候都是滿乖的孩子（我很喜歡不斷提醒我父母這一點），但是我凡事都喜歡挑戰界線。如果說爸媽規定的門禁時間是半夜，那我就會在十二點十分溜進家門。我會從我不該出現的派對悄悄溜出來，對守在酒吧門口的保全甜言蜜語，讓還未滿飲酒年齡的我進去。[13]（雖說如此，至少我學校成績都拿A欸，不過我父母不買帳。）至於我妹妹金妮，她都是這樣的，週末要不是跟朋友去看電影，就是去她朋友家玩，旁邊還有朋友的父母監督。我們的高中生活經歷非常不同。我們念同一所學校，我們身處同一種環境，但我們兩人尋求的經驗不同，這些經驗也以不同的方式塑造了我們。我妹妹和我擁有截然不同的天生氣質，我一直都比較大膽外向，金妮則比較內向，容易緊張。「你會惹上麻煩的！」在我又要跑去某個我們不准去的派對時，她會這麼說，她曉得我終究會遭遇這種情況，我當然曉得這不是沒有可能。不過，想到派對會有多好玩，我終究還是會忍不住跑出去。至於金妮，要是不小心被抓到就得跟爸媽坦白一切的場景，對她來說實在太可怕，因此她選擇度過週末的方式，都是明智地去朋友家看電影，吃爆米花。

這裡就要講到基因影響環境的第二種方式：我們確實會因為基因稟性而主動選擇不同的環境。喜好追求刺激的青少年喜歡參加派對，不過對於比較內向或容易緊張的青少年來說，要置身在一個大型派對裡，聽起來就很糟糕。有些人喜歡花一個下午的時間逛博物館，但這對有些人來說聽起來就很無聊。有些人喜歡出門上館子，但有些人喜歡待在家裡。天生氣質會形塑我們所追求的環境，我們選擇將自己置入的情境。這叫做「利基選擇」。我們會選擇最適合自己的利基，而這些選擇是受到基因影響。

你大概也能預料，一個人隨著年紀漸長，對於環境的主動性選擇就會變多。兒童可以自行選擇環境的能力有限，大部分時候，你的寶寶會去哪裡都是由你決定。孩子用來塑造他們所在環境的能力，主要是透過對某些環境的行為反應。你可能試著帶孩子去上

---

13 譯注：美國的合法飲酒年齡是二十一歲，因此未滿二十一歲的人不可出入酒吧。

過戲劇課，可要是他們很厭惡上台，每次要去上課都反感到不行，你大概就會放棄帶他們去上這種課。如果你帶孩子去博物館，而孩子對藝術大感興趣，你們一同度過一個開心的下午，你應該還會再帶孩子去更多博物館。又如果孩子在博物館裡跑跳吵鬧，你大半個下午的時間都在訓誡孩子和向工作人員道歉的話，你日後大概會減少帶孩子參加跟博物館有關的活動。孩子透過對某些環境做出的反應，間接地引導出大人會帶他們去尋求的經驗。一般來說，兒童得依附大人來獲取經驗。

不過等年紀稍長後，情況就不同了。青少年比小小孩更有能力去塑造他們的環境。他們可以自行選擇來往的朋友（不像小時候爸媽還要想辦法幫孩子找玩伴），想要做什麼事能擁有比較多的主控權。一旦他們成年，離家自立，接下來就難預料了。他們可以愛去哪就去哪，可以隨心所欲地選擇同伴一起去做想做的事。猜猜看：他們會做出的選擇可不是隨機發生的。這些選擇是取決於他們遺傳到的性格特徵（希望某些程度也受到孩子成長期間對他們有影響力的大人的耳濡目染）。青少年當中比較會念書的，會比較常花時間在圖書館及加入西洋棋社。青少年當中喜愛冒險的，會找到其他也喜歡冒險、追求樂趣的青少年做朋友。他們會去玩跳傘，參加滑雪競賽的社團。喜歡去酒吧，參加演唱會。比較容易焦慮或想東想西的青少年，會常待在自己的房間裡，他們的時間比較少花在參加派對或社交活動。我們身上受到遺傳影響的性格特質，會引導我們去追求不同的環境和不同的經驗，這些經驗再進一步地塑造我們。

類型三：被動性的基因環境關聯影響

基因型和環境彼此交互影響的最後一種類型，是親子關係所獨有的。受遺傳影響的天生氣質會影響環境和行為，不只是出現在孩子身上，我們大人也是一樣。作為父母，我們也有自己天生的氣質風格，與世界互動的方式也是獨屬於自我。這些風格影響了我們對孩子的教養，以及為孩子供應的環境。個性帶有衝動和比較能夠承受風險的父母，會比較願意挑戰孩子去從事他們舒適圈以外的事物。這樣的父母可能會帶孩子去滑雪、跳傘，帶他們去攀岩等等。比較知識型或學術型的父母，很有可能會在家裡擺滿大量的書，和成堆的《國家地理雜誌》、《紐約客》等雜誌。天性內向的父母，為孩子安排的活動可能牽涉的人數較少，性質比較安靜。如果你一想到上台就很緊張，有那麼多隻眼睛盯著你簡直置身地獄一般，那麼你大概不會想到要帶你的孩子去上話劇課。我們天生的教養風格在許多方面反映出自己受到遺傳影響的天生氣質。

別忘了這一點：由於父母（這裡指親生的）不只給孩子提供基因也提供環境（還記得嗎？孩子是爹地媽咪各貢獻出百分之五十基因的綜合體），所以孩子得到的環境跟父母屬於什麼樣的基因型會有關係，孩子會分到一部分父母的基因型，父母提供的環境也是受到他們自己的基因型影響。換言之，父母的基因型不只影響了他們供應給孩子的環境，他們自己的基因也遺傳給了孩子。意思是即便是年幼的孩子，他們的環境（假設是親生父母所提供）與基因型會有相關性。

舉個例子來說明，想像一位擁有高智商的父親或母親，智商是可以遺傳的，也就是遺傳基因對認知能力會發揮作用。一位高智商的父母容易將高智商的基因遺傳給孩子，同樣的，這樣的父母也有可能會在家裡堆滿了書。這樣的孩子在基因稟性上天生就繼承了很好的條件，置身在豐富的藏書環境中，也讓他有優勢去發展念書的天分。這樣的父母比較有可能會送孩子去上像是樂高營或科學營之類的學術性質夏令營，因為父母自己本身也喜歡，藉此，父母已經讓孩子獲得另一種有利的「環境」加分。這類知識型的父母比較可能有能力幫孩子看功課，也比較會對孩子愛好學習感到開心。基本上，這類父母的孩子可以說是得天獨厚，得以獲得基因和環境上的雙重利多，而這一切都是起自於這類父母高人一等的智商條件。

不過，要是條件很不幸地逆反過來的話，孩子得到的有可能是雙重弱勢的影響。這裡用另一個例子說明，我們知道攻擊性是高度受到遺傳影響的。這是說遺傳到攻擊性天生氣質的孩子較有可能其父母是具有攻擊行為傾向的。這樣的父母所建立的家庭環境可能以嚴厲的教養或處罰為特徵。這樣的環境經驗可能會加劇孩子的攻擊行為傾向。或許我們可說命運女神給這類容易暴怒的孩子擲出的基因骰子結果不是太好，他們接著得到的環境又是仿效該種行為而建立，進一步火上加油。

你現在大概已經發現，只有在孩子是由有血緣關係的親屬扶養時，被動性的基因環境關聯影響才會存在。如果孩子是被沒有血緣關係的家庭領養和教養，他們得到的環境不必然與他們的基因型有關。引發性和回應性的基因環境關聯影響及主動性的基因環境關聯影響，則是不論由誰來扶養孩子都會發生作用。就算是家庭環境跟孩子的基因型無關聯，孩子的基因型仍會影響以下這些：他們對生活中出現的個人做的反應，他們對所處的環境做出的反應，以及他們會主動尋求的環境。

漸進發展出的效應所扮演的角色

好，現在讓我們回到第 1 章時討論到一半的同卵雙胞胎研究。在閱讀第 1 章的時候，你心裡可能疑惑：在不同環境長大的同卵雙胞胎，怎麼可能和一起長大的同卵雙胞胎那麼相似？現在我們已經知道了基因環境關聯影響，可以回頭來看這些研究的發現。在不同領養家庭長大的雙胞胎，家庭環境並非天生就跟基因型關聯（沒有被動性基因環境關聯影響的交互作用），但是因為他們擁有相同的基因密碼，所以人生是始於相似的天生氣質。相似的天生氣質容易引發相似的回應，不管是回應他們的（不同）父母、老師，或他們在人世間會接觸的各類人士。他們在不同家庭長大，擁有自己的人生，但因為他們的環境經驗和對環境的反應會受到遺傳特質影響，所以人生路越走越長，會比隨機的兩個人得到更多類似的經驗。在時間的加持下，他們對世界做出的類似回饋，以及對人生事件的解讀方式，會越發促使他們變成兩個越來越相似的人。換句話說，「環境經驗」有很大一部分是始於基因。這就是為什麼那對知名的吉姆雙胞胎雖然被不同父母領養，但仍舊長成如此相似的兩個人。

當然，某些環境性的事件確實是隨機的，像是遭遇地震或颶風等天災，跟你遺傳到什麼基因不可能有關聯。其他像是車禍等壓力型事件，則跟你的基因組成或許有關聯。有些車禍是隨機發生的：你運氣欠佳，在不對的時間走到不對的地點，一個沒有專心看路的駕駛闖紅燈撞到你。不過，也許車禍發生是因為超速（因為你愛冒險！）或是因為沒有全神貫注開車，又或是因為苦於憂鬱症無法集中注意力。有時候，看起來好似「隨機」的環境事件其實有一部分是因為自己的特質所致。日本在車禍的肇事責任認定上將這一點發揮到極致，雙方當事人往往都有責任，即便有人只是倒楣站在原地被對方撞到而已！

基因會對環境的幾個層面造成影響。即便只是遭遇隨機事件（無論好壞），基因都會影響我們回應這些事件的方式。這就是人生的回饋循環，由每個孩子獨一無二的基因組成所驅動。

優良家長的角色：微調孩子的性情

那麼父母的作用到底在哪裡？孩子的基因給他們的性情打下基礎，並影響他們與世界互動的方式，不過基因並不會寫下他們的命運。如果能「善用」孩子遺傳到的性格，你可以引領孩子，幫助他們有機會成為最好的自己，幫助他們控制可能會讓他們惹上麻煩的天性傾向。換個方式來說，環境可以影響孩子如何表現遺傳稟性，我們將之稱為基因環境交互作用。

對父母來說是什麼意思呢？假設你的孩子天生就容易情緒衝動，你可以為孩子設下界線，幫助孩子學習控制衝動，這樣可以抑制孩子的衝動天性，也抑制這種傾向讓他們惹上麻煩的可能性。假設你有個高度情緒化的孩子（或者很多父母口中說的：「沒什麼事也嚇個半死」），你可以幫助孩子學習管理情緒，這樣能幫助他們控制遺傳性格。你也可以進一步培養孩子遺傳到的優點，讓優點能開花結果。舉例來說，一個天生就喜歡跟其他人在一起的孩子，如果把他放在有很多孩子的環境裡，不僅能讓他綻放光采，更能幫助孩子發展社交技巧。

了解孩子的性情，你也會更加了解什麼樣的環境會幫助孩子更上一層樓，什麼樣的環境會讓他們惹上麻煩。基因與環境會產生交互作用，這表示做家長的可以協助微調某些孩子的遺傳天性，像轉動收音機的音量鈕一樣調高或調低，只可惜開關鈕通常不是掌控在我們手上（我得說我孩子的脾氣收放如此迅速常讓我目瞪口呆）。不過科學研究告訴我們，微調孩子的天性是父母最能夠發揮影響力的方式。

一九六〇年代的時候，我的第一位指導老師是臨床心理學家厄文・葛斯曼（Irving Gottesman），他同時還是行為遺傳學這個領域的創始者。他在那時提出了「反應界限」（reaction range）的主張，用來思索基因和環境如何相互發生作用，進而形塑孩子會長成什麼樣的人。「反應界限」的意思是，一個人生下來或許具備某種遺傳性格，但環境會形塑該種性格如何開展。例如，假設一個孩子天生比較傾向內向性格，喜歡自己一個人獨處。父母可以透過和緩但持續不懈的方式，讓孩子接觸有其他兒童在的環境，幫助孩子學習如何自在地與其他人相處，而不是放任孩子總是自己一個人待在房間。這樣能幫助孩子長大後在必要時還是能自在地置身於社交場合，即便社交並非他的喜好。不過，不管你怎麼做，父母恐怕還是無法透過教養，讓天生內向的孩子像天生外向的孩子那樣，渴望站在人生的舞台前頭，接受眾人的目光。

反過來說，如果你的孩子具有高度外向的性格，或許該把教養的重心放在引導孩子將天性宣洩在適當的出口，例如主演學校話劇或參與公開演講，以避免孩子跑去酒吧跳到桌上跳舞！孩子遺傳到的性格會畫下一圈界線，然而孩子還是能夠在那個範圍裡發展，而孩子得到的環境會與遺傳性格相互發生作用，影響孩子最終成長的模樣。可以把父母的工作想成是引導孩子帶出他們最佳的性情，幫助他們管控較不利的性格傾向（畢竟我們每個人都有不好的一面）。

這裡就要講到我們需要理解的最後一個重要遺傳學概念：表徵遺傳學（epigenetics）。表徵遺傳學跟基因環境交互作用具有關聯，它探究的是環境對基因在分子層級上的表達所造成的影響，環境經驗會影響基因是被開啟或關閉，或是表達到哪一種程度。新近研究顯示，壓力性環境會造成逆向表徵遺傳效應，啟動跟壓力反應有關的基因，導致一連串身體、行為和心理的連鎖反應。貧窮或犯罪率盛行的社區、童年創傷、歧視，這些都是研究發現會改變基因表達並造成負面兒童發展的因素，而其效應可以延續至不同的世代。發動「超級教養」並不會將孩子打造成夢想中的孩子，但是壓力和創傷經驗則會傷害孩子，遏制他們發揮潛力的能力。

現在，你已經對基因和環境如何相互影響孩子的行為有了基本了解，本書要進入第二部，幫助你找出孩子獨特的遺傳傾向，學習如何根據他們的基因組合來調整你的教養。基因和環境隨時間交織下來，會對孩子的發展隱然形成一條路徑。接下來要介紹的知識，能幫助你在這條路上發揮影響力。

重點整理

- 沒有任何一種基因「負責」任何一種行為。人體基因是以更加複雜和間接的方式來形塑我們的人生。
- 行為的複雜性是受許多基因（大概有成百上千）的影響而形成的，基因影響的是與生俱來對某種行為的傾向，不管是衝動、焦慮、外向，或任何其他行為傾向。基因是透過影響大腦的「線路」來形塑我們的行為。

- 一個人受遺傳影響的特質，從天生氣質到外表，都會影響我們在這世間的各種經驗。具有不同遺傳傾向的孩子會從周遭人身上引發不同的反應，而這會進一步形塑孩子的發展。
- 我們解讀和回應這個世界的方式是基於遺傳性情而有所不同。這就是為什麼兩個在同一家庭由同一對父母扶養長大的孩子，事實上對於他們的父母可以有截然不同的經驗，原因就是每個孩子都有獨一無二的遺傳性格。
- 基因型會影響我們想要尋求的環境。舉例來說，高度外向的孩子會主動尋求有很多人的環境。
- 孩子對父母和家庭環境的反應方式，會因為受遺傳影響的天生氣質而有所不同。這是為什麼同一套教養方式對這個孩子有效，卻對另一個孩子無效。「善用」孩子的遺傳性格，父母能夠幫助引導他們進入這個世界。父母可以用加強或減弱的方式來「微調」孩子的性格，環境能夠改變孩子身上基因型的表達。

第二部

認識你的孩子

The Child Code

第3章

解讀3種天賦密碼

多年前，我和我的大學摯友相約帶孩子去公園的遊戲場，小朋友們在軌道式的單槓架上玩得不亦樂乎。我兒子爬上單槓架，做了一個大鵬展翅的動作，對我們大吼：「大家看我！」朋友的兒子則是站在地上遲疑地看著他，怯生生地說：「這樣好像不太好……」我兒子則是大聲喊道：「可是這好好玩！」

透過觀察孩子的行為，能夠得知孩子的天賦性格是什麼樣子。父母有一部分職責是當個慈愛的偵探，這樣的行為從孩子的嬰兒時期就自然展開了。寶寶哭的時候，我們要弄清楚寶寶是要喝奶、要換尿布、要睡，還是想要一條毯子，然後才能滿足他的需要。要不了多久，爸媽很快就學會分辨「我餓了！」跟「我累了！」的哭聲有什麼分別。

你這個做爸爸的或是做媽媽的，比任何人都還要了解你的孩子，你會用你得到的知識來滿足寶寶的需求。不過，這樣還不夠。了解孩子的天性傾向（每個孩子都不同）可以幫助父母調適教養的方法，讓孩子在每一個發展階段都得到他們所需要的。還能幫助父母避開因為用了對孩子無效的現成教養技巧而導致的挫折感！父母的偵探角色有部分是要弄清楚，對於你可愛的基因混合體，哪些教養技巧有用，哪些沒用。

我朋友的孩子天性就比較害怕和膽怯，這時候，她這個當媽媽的就要把重心放在鼓勵孩子嘗試新事物，踏出舒適圈，努力多冒一點險。然而，這正是我孩子最不需要的！我的孩子天性比較衝動，天不怕地不怕，這表示我要教導他多一點自我控制，幫助他避免落入危險境地。我的朋友需要採取溫和、堅持、有耐心的教養風格，而我的孩子需要我設下堅定的界線。溫和的引導對我兒子沒用，就如同堅定、指令式的教養會讓她天性比較敏感的孩子難以接受一樣。誠然，這需要父母好像偵探一樣仔細觀察孩子，才會曉得。我的性格就是喜歡討論事情（我會選擇心理學為業是有原因的），但我跟兒子好好進行了幾次對話之後，他的衝動行為仍舊絲毫沒有改變，後來我發現，給他簡單確實的規矩要他遵守還比較有效。

想像一下，有兩個孩子，一個叫艾莉西，一個叫嘉勒，這兩個孩子從幼兒時期開始就是容易膽怯的孩子。他們的基因組成密碼使得他們的大腦天生就有焦慮的傾向。若是在街上有陌生人和他們搭話，艾莉西和嘉勒都會轉身緊緊抱住自己媽媽的大腿。如果遊戲場上已經有其他小朋友在玩，艾莉西和嘉勒就會退縮，不想跟其他小孩一起玩。爸媽帶他們去上游泳課，他們會堅持待在岸上，哭鬧著不肯下水。艾莉西和嘉勒的父母分別採取了不同的做法，來對付這兩個小孩容易膽怯的天生氣質。

當嘉勒害怕陌生人，躲到爸媽的大腿下面時，他的爸媽會跟對方解釋說嘉勒是個害羞的孩子，逕自繼續進行剛才中斷的對話，不會讓孩子感到不好意思。嘉勒的爸媽會自己下去遊戲場跟他玩，不會試著想要勸他跟其他小孩互動。去上游泳課時，嘉勒拒絕下水，爸媽就跟老師說他一定是還沒準備好，然後帶他回家，隔年再來。

至於艾莉西，遇到不認識的人，艾莉西跑去躲起來時，父母會溫柔地哄她出來，耐心地等她跟大人打完招呼，才會繼續跟朋友說話。當她不敢去找遊戲場上的其他小孩玩時，爸媽會帶著她去找大家自我介紹，然後待在她附近看著她跟其他小孩玩，直到她完全放鬆為止。艾莉西不願意進入游泳池，爸媽還是持續帶她去上每一堂課，爸媽讓她坐在池畔的板凳上，直到她準備好為止。

這邊有件重要的事需要了解，那就是不管是艾莉西還是嘉勒的父母，他們都沒有「做錯」任何事。兩邊都是掛心著孩子的父母，按照孩子的需要做出回應，盡力調整他們的教養方式。不過，艾莉西的父母所採取的策略，也就是——溫和、耐心、不慌不忙地，帶領她進入像他們這種容易害怕的孩子天生會想迴避的情境，要幫助像這樣的孩子（和成人！）慢慢克服恐懼，這種策略有效多了。

嘉勒的父母雖然也是為他好，但長期下來並不會幫到嘉勒。他們採取了保護性的做法，這樣雖可以將恐懼隔絕在外，但他們的做法永遠無法幫助他學習如何主宰容易焦慮的傾向。

三E特徵

研究者的口袋裡有很多方法用來對人的天生氣質抽絲剝繭。衡量天生氣質的方式有好幾十種，不同的學者專家採用不同的方式來為人的天生氣質和行為分類和命名。在這本書中，我要把重點放在三種主要的性格特徵，這三大特徵或許在別的地方有不同名稱或定義上有些微小差異，不過卻是數百項嬰幼兒行為傾向的研究都一致得出的結果。這些研究都採用了來自父母和孩子生活中其他重要人士的報告，以及孩子在研究實驗室和在家裡等自然環境當中的行為觀察。不管是來自不同文化背景還是不同性別的孩子身上，都能觀察到我喜歡簡稱為三E的「三大特徵」（Big Three），或「三E特徵」（Three Es）（不同性別間還是存在一些較小的差異，在後面會討論到）。孩子最早在嬰兒時期就會流露出這三種特徵，接著在兒童前期和兒童中期還是會很有一致性地表現出來。

這三種特徵的英文原文剛好都是以英文字母E開頭，這「三個E」並不是學術文獻上通常會使用的術語，而是同樣為人父母的我，在廣泛閱讀大量複雜難懂的科學文獻後，從中摘取出的重要資訊，然後寫成這本給父母的實用工具書。如果你是身為研究者的父母，得曉得這本書不是學術文獻的讀書報告。我運用臨床心理學、發展心理學和行為遺傳學（這些都是我所專精的領域）得到的研究發現，以父母的視角「翻譯」出來，期望能為其他父母發揮這些知識的實用性到最大。這三大特徵會讓你對孩子潛藏的遺傳組成有清楚的了解，讓你能夠預知孩子到青少年時期和成人以後的行為特徵。密切觀察並了解孩子的性格落在什麼樣的區間，是你做父母的重責大任。要找出有效的教養方法，就要從了解孩子，了解孩子的遺傳祕密開始。

接下來，我要介紹六個孩子，他們各自代表落在這三大特徵維度上高、低位置的孩子。接下來的篇幅裡會談到這些孩子不同的天生氣質特徵，請你必須謹記在心的是，這些特徵並沒有所謂的「好」或「壞」。是的，某些性格類型真的會讓父母傷透腦筋，但事實上對這些特質的觀感是「好」或「壞」，會隨著時間改變，不同文化也有不同的解讀。如同前面討論過的例子，有些我們認為希望在年幼孩子身上看到的「好」性格，放到青春期孩子身上恐怕會帶來麻煩。（例如，幼童身上顯現出優秀的社交能力，我們會為此高興，但是社交能力太強的青少年卻可能更容易受到同儕影響，更容易受到誘惑去嘗試藥物或酒精。）大人不喜歡在兒童身上看到的特質（例如拒絕聽話），在成人身上卻會得到讚美（例如挺身而出捍衛個人原則）。有些文化認為小孩就必須服從，其他文化則強調個體性的重要。重點是，所有的性格特徵都有優缺點（無可否認的是，某些性格特徵在不同的發展階段確實會使教養變得困難）。

第 1 種天賦密碼：外向性（Extraversion）

莉拉的父母都會開玩笑說，莉拉一出生就是準備好要風靡全世界。襁褓時的她很喜歡大人跟她玩「躲貓貓」，爸媽逗弄她的時候總是開心大笑個不停。莉拉喜歡新玩具，喜歡跟大人出門。爸媽推著她坐嬰兒車出門，要是有路人佇足，探進她的嬰兒車瞧她，她都會發出開心的咯咯笑聲。莉拉開始會爬之後，無時無刻不是在爬來爬去。她喜歡去上寶寶律動和親子帶動唱的課程。每次去到新的遊戲場，她就會熱切地四處探索，在公園裡很容易就能跟其他小孩交上朋友。她喜歡購物，會很興奮地在商店裡到處跑，「幫」媽媽把物品放進購物車裡。莉拉父母的頭號大事就是要帶她出去消耗精力，因為她要是沒在外頭好好放電的話，就會在家裡玩「開飛機」，興高采烈地滿屋子跑，不然就是跳進她建造的枕頭堡壘，結局一定是有什麼東西被她弄壞掉。

米拉則是個很能自得其樂的寶寶，她喜歡被爸媽抱著，安靜祥和地仰望著他們。她偶爾會蠕動一下，或是想要扭動身體爬走。像是「躲貓貓」之類刺激性比較強的遊戲容易嚇到她，這個寶寶喜歡舒適地依偎在大人的懷裡。大人讀童書給她聽，她就靜靜地坐著。米拉長大後，喜歡待在家裡玩安靜的遊戲，像是翻開撲克牌比賽記憶力的「對對碰」，她不喜歡去鬧哄哄的遊戲場或是購物中心的遊戲區。要是有以前沒見過的人來家裡，她會很害羞，需要花一點時間才能跟客人熟絡起來。不過不需要太久時間，她就能夠拿著她的絨毛玩具獻寶給客人看，然後在她房間裡玩下午茶派對的遊戲。家裡如果變安靜，米拉的爸媽知道假使他們去找，會發現米拉正在房間裡安安靜靜地玩積木或拼圖。

莉拉和米拉分別代表了「三 E 特徵」中落在第一個維度兩端的孩子，這第一個 E 就是：「外向性」（Extraversion）。外向的根源在孩子發展早期就會顯現出來，藉由孩子在外向性格方面的傾向，透過以下事物反映出來：正向情感（孩子對於周遭世界和人物的喜悅程度）、活動程度（孩子有多愛「動」），以及探索行為（孩子有多喜歡嘗試新事物）。

外向程度高的孩子，比較容易笑口常開，活動力高。在嬰兒時期很容易就笑，也時常笑。父母跟他們互動時，會發出嬰兒的咯咯聲。常常動來動去，要不是在爸媽臂彎裡蠕動，就是在遊戲墊上爬來爬去。高度外向的孩子喜歡去新地方，沒嘗試過的活動對他們來說都是刺激的。等這類孩子長大一點，總是精力充沛，喜歡在遊戲場玩耍，或是玩溜滑梯從高處滑下來。他們喜歡用跑而不是用走的去某個地方，也喜歡認識人。

在這個維度的另一頭，則是天生比較安靜、不好動的孩子。嬰兒時期的他們，只要能躺在爸媽的懷裡就能滿足。低度外向的孩子看到陌生人會比較害羞，有時候就連對以前見過但不是常常見到的人也是如此。他們比較喜歡自己玩，或是跟小團體一起玩。他們不需要置身於喧鬧的活動或大批人群中，事實上自己會選擇不要。

第2種天賦密碼：情緒性（Emotionality）

克蘿伊打從一出生就不喜歡被束縛的感覺，也不喜歡陌生人抱她。如果爸媽要把她放進嬰兒的搖搖椅裡面，她會很生氣，大哭著直到爸媽把她抱出來。克蘿伊的爸媽用過好多他們的朋友發誓一定見效的嬰兒用品，但是克蘿伊沒一個賞光。當她發起脾氣，很難將她安撫下來，而要是她累了，任何事物都加倍惹她嫌。克蘿伊寶寶對任何不喜歡的事物反彈都很大。有時候，父母簡直搞不清楚她到底在生氣什麼。她抗拒上床睡覺或是躺下來小睡片刻，即使父母可以察覺她已經累了。等到克蘿伊比較大了，要是有什麼事不順她的意，還是很容易就生氣。如果輸掉一場比賽，或是美勞作品做出來不如預期，就會大發脾氣。當這種情況發生時，爸媽都很難安慰她，或是轉移她的注意力。她會害怕有陌生人的環境。克蘿伊的媽媽幫她報名參加學齡前遊戲班，她又大發了一場脾氣，不僅拒絕進入，還躺在地上又叫又踢。

與克蘿伊正好相反，柔伊的爸媽形容她是個「隨和」的寶寶。她是個很好安撫的寶寶，可以讓不同的大人抱她，可以很自足地待在嬰兒搖椅或是躺在她的活動地墊上。幼兒時期的柔伊發脾氣時，爸媽能夠轉移她的注意力。發現她最喜愛的穀片吃完時，她或許會難過地掉幾滴淚，不過可以很快地重振心情，因為爸媽告訴她，如果吃完早餐就可以玩遊戲。基本上，爸媽為她安排的活動，不管是去參觀兒童博物館或是一整天的手作課，她都會很開心地去做。雖然要她去一個什麼人都不認識的遊戲場玩，會有一點遲疑，但是她也不會太過氣餒，而是會慢慢地和其他小朋友打成一片。

克蘿伊和柔伊分別代表了「三E特徵」中落在第二個維度兩端的孩子，這第二個E就是：「情緒性」（Emotionality）。情緒性維度比較高的孩子天生就容易苦惱、害怕、沮喪。這類型的孩子在嬰幼兒時期比較容易情緒不佳，特別是當他們疲累的時候。如果玩具被拿走，他們會哭，就算已經很累了，也會拒絕上床睡覺或躺下小睡片刻。幼兒時期，如果無法做到執意要做的事，不管是打贏喜歡的遊戲或體育比賽，他們很容易就變得氣惱。我們可以把他們的氣惱理解成是一種「過度反應」。他們不只是很容易就感到沮喪或生氣，也很容易沉溺在這種感覺裡走不出來。高度情緒性的孩子很難轉移注意力。他們比較容易害怕，害怕夜裡會出現怪獸或是有人潛入家裡。本章前面提到的嘉勒和艾莉西，就是屬於情緒性維度的「害怕」子類型的孩子。

第3種天賦密碼：自律性（Effortful Control）

海登在父母讀書給他聽的時候，可以安靜地坐著。當他開始用積木堆城堡，可以專心地玩好幾個小時。玩拼圖的時候，可以保持專注力，一直玩到拼完為止。他不需要費力就能夠遵從爸媽的指示。如果爸媽要他先完成什麼事才能吃點心，或是要先吃完晚餐才可以來根冰棒，他完全能夠照辦，不會苦著一張臉。在遊戲場上玩的時候，如果爸媽叫他，他馬上會過來。爸媽要是叫他停止做什麼事，他就會停止。

至於傑登，總是一件事才做到一半，眼睛就會被別的事物吸引去做另一件事。他要是玩拼圖，很快就會感到無聊，開始去玩另一種遊戲。爸媽經常會在他房間找到好幾種才做到一半，完成度不一的作品。如果某種活動超過十分鐘，他就會坐立不安。僅僅是讀一本童書的時間，他也不肯乖乖坐著。跟弟弟玩比劍的遊戲時，他一定會得意忘形。當爸媽要他停止做某件事的時候，一定要講好幾次他才會停止。只是要他等一下才能吃零食，好像就會要了他的命似的。如果被傑登發現餅乾放在哪裡，他就一定會被抓到偷拿餅乾！

海登和傑登就是分別代表了最後一種維度兩端的孩子，那就是「自律性」（Effortful Control）。自律性經常被說成是自我控制力，孩子一歲以後，會開始發展他們調節情緒和行為的能力。在比較早期的階段，自律性表現在孩子調節情緒和集中注意力的情況上。孩子長大一點後，自律性表現在幼童是否能專注玩一件玩具，還有是否遵守指示，或是否能忍住不去做他們不該做的事的能力。

認識你的孩子

剛才介紹了那麼多類型的孩子，你是不是在心裡拿自己的孩子對照？你的孩子是比較像莉拉或米拉？是克蘿伊或柔伊？還是海登或傑登？某些維度在你孩子身上可能比較明顯，其他維度的特徵可能要你發揮爸爸偵探或媽媽偵探的角色，多花點時間來觀察，認識你的孩子。或許你想要試著評估孩子落在三大特徵裡的哪一個區間，那麼你需要留意以下幾點：

不同的情境裡是否顯示出一致性。由於所有的孩子都有害怕、開心、鬧脾氣、暴躁的時刻，所以若我們談的是受遺傳影響的天生氣質，那麼要尋找的是在「不同情境裡顯示出一致性」的傾向。這也是為什麼我前面在描述不同的孩子時，針對每一種傾向都提及了好幾種不同的表現樣態。所以，要決定你的孩子落在哪一種維度，應該思考的是某種範圍內的行為有多頻繁地出現，而不是見到黑影就開槍，並非出現過一種相關行為就算數。當小孩子遇到狗突然低吼、狂吠，然後朝人撲過去的時候，大部分的小孩都會害怕（大部分的大人也會！）。不過，性格上容易恐懼的孩子，就連狗乖乖地坐好時，他們都會害怕。而且他們的恐懼並非只是害怕狗，而是時常害怕沒待在父母身邊、接觸不認識的人、去沒去過的地方等等。

考慮長期下來的一致性。遺傳影響的性格特徵也會在不同階段表現出一致性。這表示隨著孩子成長，你可以更能掌握他們先天的遺傳傾向。孩子的許多天生特質在兩三個月大的時候就會開始顯現，但隨著你跟孩子相處得越久，越能注意到哪些是真正穩定表現的特質，哪些只是發展階段特有的特徵。舉例來說，幼兒都會經歷一個特別想要展現自我主張的「凡事不要」期，不管大人問他們什麼，一律都回答：「不要！」這種可愛的行為在很多孩子身上都會見到。但出現這種行為並不表示你生了一個注定會長成叛逆青少年的孩子，只是表示你的孩子還在幼兒時期而已。天生氣質真正開始鞏固是從三歲開始，所以若是孩子歲數越大，你越能準確評估孩子的遺傳性格。基因會影響一種行為隨年紀漸長而穩定表現的程度，這就是說，孩子就算長大後還是持續表現出來的行為，就能比較準確地反映出遺傳性格。假設孩子在幼兒時期就容易害怕，進入可愛動物區還是畏畏縮縮，拒絕去上寶寶律動課，而若是他到了要上幼兒園的年紀仍舊害怕去學校，你要幫他約時間跟朋友一起玩讓他感到畏怯，那麼長時間下來，你會比較確信這不是某個年齡階段的問題，而是孩子的個性比較傾向具有焦慮的特性。

考慮孩子的年紀。要記住，潛在的差異會映照出大腦結構的不同，孩子的大腦發育非常快速，所以在不同的發展階段很容易表現出不同的特徵。跟外向性、情緒性有關的行為很早就會顯現。嬰兒的不同點會表現在露出笑容和發出笑聲的方式（外向：正向情感）、表現痛苦和沮喪的方式（情緒性），還有活動程度（外向：活動性），以及是否喜歡探索新場所或新玩具（外向：探索性）。害怕新事物在接近一歲的時候就會表現出來（情緒性），自律性則表現得最遲（對爸媽來說還真是個壞消息），要在一歲以後才會表現，接著在兩歲到七歲期間急速發展。要記住一點，視孩子的年齡而定，你可能還沒有機會觀察到孩子所有方面的天賦傾向。

考慮你自己的偏見因素。就如同孩子經驗這個世界是根據天賦傾向一樣，我們自己的遺傳稟性也會影響我們如何以父母的角度來看待世界，這同樣會影響我們如何解讀孩子的行為。一位天生就比較小心謹慎的父母大概會把孩子的不受教看成一種莽撞行為，不過對於天性比較大膽愛冒險的父母來說，可能不覺得有什麼大不了。隨著你嘗試測度孩子的天賦傾向時，如果能讓孩子生活中其他值得信賴的成人一起來考量孩子在每一種天生氣質維度上的位置，這會很有幫助，這樣的人士可以是你的伴侶、孩子的照顧者，或是經常陪伴孩子的祖父母。

最後也是最重要的一點：要坦誠。在評估孩子的天生傾向時，沒時間去擔心你媽媽怎麼想，或擔心這是否不符合你對孩子的想像。你是在試著了解孩子的天生性格傾向，以幫助你如何以最好的方式管教孩子，提升家庭內的和諧。某些稟性或許一開始比較討人喜歡，但還是要重申，一個人的稟性特徵在本質上並沒有任何好或壞，也不會就此決定了命運。你必須坦誠接受孩子生來的天性稟賦，唯有這樣，才有辦法知道要如何為孩子做最好、最合適的父母。

你和孩子的天賦密碼

本章最後面附有「關於你的孩子」和「關於你」的天賦密碼完整評量測驗，它會帶你詳加探索三大特徵中的每一項，幫助你釐清你和你孩子的天賦性格。別忘了，孩子的年齡越大，你越能夠準確地評估他們的性格會落在三大特徵中的哪一個維度上。接下來幾章，我會詳細介紹這三大特徵及其綜合體，並解說當孩子落在外向性、情緒性和自律性各維度的高、中、低區間時，各具備了什麼樣的意涵。請留意，本書講到孩子的性格特徵時，我會刻意描述他們是「落在三大特徵的某某區域」，我採用「高」、「中」、「低」的描述以方便快速理解，但一般來說，我並不刻意做標籤式的分類（第4章講到內向、外向一節則除外，畢竟高度外向和低度外向等詞已經相當為一般人了解）。

很多人格測驗都會在結果做出來以後給你貼上一個標籤，這種做法在古希臘時代就已經出現，古希臘學者將人歸類為四種人格：多血質（開朗）、黃膽汁質（性急）、黑膽汁質（抑鬱）、黏液質（遲鈍），[14] 嗯，感覺不太好。有名的MBTI分類量表（Myers-Briggs Type Indicator）則是把人們分成十六大類型：內向型（introversion）或外向型（extraversion）、實感型（sensing）或直覺型（intuition）、情感型（feeling）或思考型（thinking）、判斷型（judging）或感知型（perceiving），從各項分類取該測驗結果的英文首字母，最後就會得到由四個字母組成的性格類型，像我就是ESTJ。就連哈利波特和霍格華茲魔法學校的學生也要分班。

這種被劃分成某某類型的感覺很好玩，背後甚至還有演化學上的原因說明為什麼人們喜歡被歸類到團體當中：屬於團體中的一分子可以帶來安全感和親切感。但是當我們要談的是人格和天生氣質的時候，人的每時每刻都不同，不能強硬地將之劃入界線分明的類別中。換言之，基因影響的是與生俱來的某種特徵加了多少到我們身上。這些天生稟性會發揮多少作用，要視環境而定。舉例說明，我們可以教自律性低的孩子一些技巧，讓他們能夠建立自制力（這一點留待第 6 章來談）。這樣做不能保證這個孩子自此變成可以安靜坐上好幾個小時的高自制力孩子，但至少可以減少好幾次你逮到他調皮搗蛋惹出麻煩。如果我們能夠把某種行為看成是位於可以連續移動的區塊上，就有辦法想像改變是有可能的。

接下來的章節中，會討論不同性格的相關優點，以及每一種性格帶來的挑戰（對孩子和父母皆然！），還會談到對於不同的孩子該採用哪一種教養策略最有效。簡單來

14 譯注：這是古希臘醫學之父希波克拉底提出的氣質體液說，人體內部具有血液、黏液、黃膽汁和黑膽汁四種體液，它們相互混合的程度決定氣質，因此他把人的氣質分為四類：多血質（開朗）、黃膽汁質（性急）、黑膽汁質（抑鬱）、黏液質（遲鈍）。

說，接下來的章節要教你如何將學到的知識實際付諸應用，那會是一份路線圖，幫助引導你獨一無二的孩子，帶他們探索這個世界。在兒童發展的領域裡，我們將之稱為「適配性」（Goodness of Fit）。

親子間的適配性

「適配性」是指孩子和父母之間的搭配程度，廣泛來說還包括孩子所處的環境。適配性是創造快樂、無壓力（或至少減少一點壓力）家庭生活的關鍵。有些父母和孩子很幸運地天生就有很好的適配性。舉個例子，媽媽是書蟲，女兒喜歡媽媽念書給她聽。媽媽帶女兒去當地圖書館聽童書朗讀，結束後在圖書館一起挑書，在閱覽區依偎在一起親密地讀書，度過一段有品質的親子時光。母女倆都喜愛拼圖，喜歡靠在一起畫著色圖。又或者媽媽是個明星運動員，喜歡體育運動，喜歡去看體育比賽。一等女兒年齡到了，就馬上幫她報名體育課程，家庭出遊一定都是去看孩子喜歡的棒球賽或是美式足球賽。她們喜歡跟其他球迷一起為心儀的隊伍加油。

當親子間天生就有很好的適配性，又有環境的配合，孩子就能快樂地茁壯成長，父母常常也搞不懂背後的原因，單純只是覺得教養他們的孩子很「容易」而已。這種情況下，父母經常將孩子喜歡看書或體育運動，歸因於爸媽有帶孩子浸淫在這種環境中。誠然，這種想法有一部分是正確的。不過，要記得我們在第 1 章提過的，親子之間的相似處不盡然是因為父母能夠影響孩子的行為。做父母的只是沒有想到，這種和樂融融的親子關係通常不過是運氣好而已。前面舉的第一個例子當中的母親和女兒，都是低度外向性和高度自律性。像是在圖書館閱讀或一起玩拼圖這樣安靜的活動，都是她們倆喜歡的。第二個例子當中的母女則都是高度外向，她們喜歡人群，活動力十足。像是運動賽事這類活躍、緊湊的活動，都是她們倆喜歡的。運動天分事實上也是會遺傳的，所以這對母女大概在這方面也很適配。

反過來，想像一下前面那位喜歡安安靜靜待在圖書館的書蟲媽媽，假設她生了一個高外向、低自律性的孩子，會怎麼樣？媽媽多次嘗試要朗讀童書給女兒聽，女兒卻一點也不賞光，她沒興趣靜靜坐著看書，只想要跳下媽媽的膝頭，去騎她的玩具木馬滿屋子跑。媽媽帶她去圖書館的童書朗讀會更是災難，孩子頻頻起身想在圖書館逛大街，把書從書架上拉下來，匆匆瞄了一眼封面後又繼續去拉下一本。當這種情況一次又一次地重演，媽媽的沮喪感會越來越重，她會覺得怎麼時時刻刻都要訓誡孩子，而不是享受母女倆相處的時光。

至於第二個例子，想像一下這位運動員媽媽生了一個外向性低的孩子。當媽咪想帶女兒去「跳跳豆」的寶寶體操課程，又或者想帶她一起去幫姊姊的足球比賽當啦啦隊，但是周遭的人群和大量的活動卻把女兒嚇得要死。她不斷拜託媽媽不要帶她去，可是如果媽媽堅持要去，她會拒絕參加，躲在角落裡生悶氣。

在這兩個例子當中，媽媽其實都是好意，想帶女兒一起從事她們以為女兒會喜歡的活動，建立親子間的感情。但如果做父母的能夠誠實面對，就會了解我們自然而然地會假設自己喜歡的孩子也會喜歡，我們提供給孩子的機會事實上是出於自以為是。我們很容易本能地認為別人的大腦構造跟我們一樣，特別是當那個別人是自己的孩子時。畢竟，我們只懂得用自己的眼睛看世界。

當爸媽和孩子的天生氣質具有與生俱來的適配性時，一切都會自然而美妙。但如果爸媽和孩子的天賦性格有所差異，而爸媽又沒有意識到這是怎麼一回事時，很容易會導致親子間的摩擦升高，讓所有人都感到沮喪難過，還會傷害到家庭關係。在前面兩對「配錯對」的親子關係中，兩位媽媽都不懂得為什麼她們的女兒行為舉止如此不佳，她們跟女兒之間永遠處在一種負面、衝突的循環。如果一個媽媽帶女兒去圖書館聽童書朗讀，卻老是得叫自己的女兒乖乖坐好，還得不時接受其他父母往她這個方向飄過來的白眼，她一定會很受到打擊。又或是媽媽帶女兒去上寶寶體操課，可是她卻得窩在角落一直哄勸哭個不停的孩子跟所有小朋友一起活動，這位媽媽下次一定不想再帶小孩來。

這些媽媽不了解的是，她們所安排的活動單純不適合孩子的天生氣質。對一個具有高度情緒性的孩子來說，如果爸媽安排的活動不適合他們的個性，結果很可能是孩子會大鬧一場脾氣，堅決不參加。

了解親子之間的適配性並不是爸媽凡事都要順從孩子的個性，而是要讓你做好準備，能夠做出更好的決定，對於哪些類型的活動比較適合孩子，哪些類型的活動需要預先詳加策劃，你心裡比較有個底。

了解你的天賦密碼

關於要如何為孩子建立適配性，我們還有最後一塊拼圖要拼上去。從前面的例子當中，你應該可以領悟到適配性不只跟孩子的天賦性格有關，跟你自己也有關。如同前面討論到的，每個人都有不同的遺傳性格，會影響我們如何教養孩子、如何回應孩子。舉例來說，某些爸媽對於生下高度外向、低度自律性的孩子會感到焦慮無比，可能還會擔心到心臟受不了要送急診。但孩子同樣的行為，對於具備另一種天生氣質的父母來說，恐怕會讓他們倍感自豪，在孩子的背上拍一下說：「瞧，我的好孩子！」因此，為孩子提供好的適配性，不只是要留心衡量你的孩子，你也要意識到自己的性格因素。

在你做完「關於你的孩子」測驗之後，有一份「關於你」的測驗。這份測驗會幫助你了解反映出你個人遺傳稟性的天賦傾向，再綜合加乘上你人生經驗的結果。

這兩份測驗會幫助你評估你和孩子在三大特徵維度上各占據哪一個位置，最後會有一份總結簡述，來幫助你比較你們的性格。從這兩份測驗得到的資訊要作為接下來章節的基礎，後面將要深入討論如何幫助了解你的孩子，孩子如何從你身上引發反應，以及如何跟你的孩子建立適配性。最終極的目的是要了解你和孩子之間相互產生的動態影響，讓你們能夠擁有更快樂、怡然的親子關係，幫助你解鎖孩子的潛力。

採取正確的心態

在你開始做這份問卷前還有一件事要講。了解孩子的天賦性格可以幫助你扮演好父母的角色，但我要提醒你，千萬不要陷入一切天注定，什麼都不可能改變的心態（像是說：「我的小孩是高度情緒性的孩子，這不可能改變，我一輩子都要承受孩子的脾氣了」）。沒有任何證據證明基因會否決後天的可能性。沒錯，性格傾向會對孩子的行為造成深刻的影響，不過對此有所掌握，有助於父母預期教養上會遇到的挑戰，進而幫助孩子度過難關，以及幫助我們認知孩子的天生強項，做更多的發揮。了解我們的孩子有助於幫助他們成長。

心理學家卡蘿・杜維克（Carol Dweck）曾寫過許多文章探討「成長心態」的威力，與之相對的叫做「定型心態」。[15]擁有成長心態，意思是你相信能夠透過努力、策略的運用，再加上其他人的幫助，來栽培孩子的天賦能力。這正是我計劃要在接下來幾章當中幫助你做到的：認知孩子的天賦傾向，了解你可以採取哪些策略來幫助他們完全發揮潛力。杜維克的研究顯示，你看待自己的方式會對人生如何開展產生深遠影響。在這基礎上延伸思考的話，也可以說，我們看待孩子的方式會對孩子的人生如何開展產生深遠的影響。

杜維克指出，作為父母，我們在孩子身上寄託的希望和夢想很容易就會形成一種定型心態，也就是我們會緊抓住一種願景，希望看到孩子長成我們期盼的模樣，無論那模樣是學業資優生、天才小畫家、學校話劇明星、哈佛畢業生，又或者僅僅是舉止乖巧，放學後都在圖書館看書或是運動的孩子就夠了。當孩子的天性脾氣不合想像時，我們有可能無意中散發出一種訊息給孩子，好似不滿意他們的模樣（或他們無法變成某種模樣）。再者，當孩子遭遇失敗（然而這是人生無可避免的必經之路），做父母的立刻擔心這會不會對他的未來有害，這樣的思維反映出的就是定型心態。如果孩子現在無法乖乖坐定，專注於眼前的事物，他們以後要怎麼順利從大學畢業，找到工作？這些心思都會傳達到孩子身上，他們還有好長一段時間成長、變化、實現潛力，然而我們對他們的能力沒有信心。

接下來的測驗將可以幫助你了解孩子天生的個性傾向，但別忘了，人格發展是一種「過程」。身為父母所能承擔最好的角色就是幫助孩子認可並欣賞他們獨特的天賦和愛好，克服遇到的挑戰，長成最棒的自己。

15 譯注：請參考卡蘿．杜維克的著作《心態致勝：全新成功心理學》（*Mindset: The New Psychology of Success*）。

天賦密碼完整評量測驗：關於你的孩子

下面的問卷列出孩子面對不同的狀況可能出現的多種反應，在回答每個問題時，我想請你思考什麼是孩子最典型的反應。視孩子的年齡而定，某些敘述可能更為合適。在每一句敘述下方的縱軸上，根據孩子的狀況圈選出最合適的位置，最上端是完全錯誤，最下端是完全正確。如果以你的孩子來說，該敘述不完全正確也不完全錯，請圈在中間的位置。盡可能善用縱軸的全幅長度，來決定該敘述是完全正確、有一點正確、不完全正確也不完全錯、有一點錯誤，或是完全錯誤。

外向性（「EX」因子）

Q1 你的孩子喜歡冒險性的遊戲或活動。

完全錯誤 ○—○—○—○ 介於中間值 —○—○—○ 完全正確

Q2 你的孩子樂於探索新地點。

完全錯誤　○　○　○　○ 介於中間值　○　○　○ 完全正確

Q3 你的孩子樂於認識人。

完全錯誤　○　○　○　○ 介於中間值　○　○　○ 完全正確

Q4 你的孩子充滿精力。

完全錯誤　○　○　○　○ 介於中間值　○　○　○ 完全正確

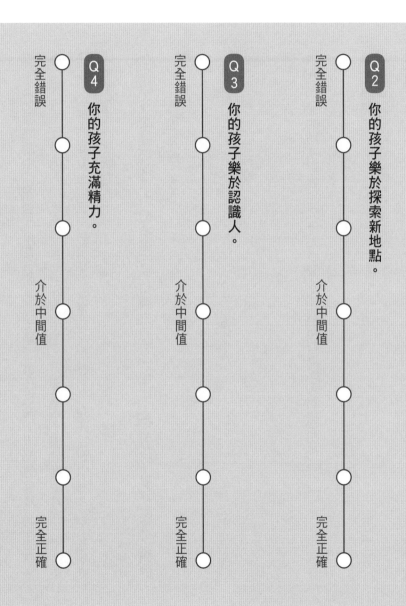

看一下上面問題中你圈選的位置，如果多半是圈選在縱軸下半部的位置，你的孩子屬於天性高度外向。如果多半是圈選在上半部，則你的孩子屬於低度外向。某些孩子在外向性的維度上落在中間位置，就是並沒有特別外向或特別內向。以下是低度外向性的其他指標：

Q5 跟需要充沛精力的活動（例如跑來跑去）相比，你的孩子偏好閱讀之類的靜態活動。

完全錯誤　　介於中間值　　完全正確

Q6 你的孩子需要花久一點時間才能跟新認識的人熱絡起來。

完全錯誤　　介於中間值　　完全正確

Q7 **將Q1～Q4（高度外向指數）和Q5～Q6（低度外向指數）綜合評估。你都圈選在什麼位置？整體來說，你的孩子落在外向性維度的哪一個位置？**

低度外向 ○—○—○—○—○—○—○ 高度外向

中度外向

情緒性（「EM」因子）

Q1 **如果事情不順孩子的意，孩子就會情緒受挫、失望難過。**

完全錯誤 ○—○—○—○—○—○—○ 完全正確

介於中間值

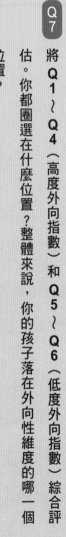

Q2 孩子夜裡睡覺會害怕有怪物或怪聲音。

完全錯誤 ○—○—○—○—○—○—○ 完全正確
介於中間值

Q3 當孩子氣惱的時候，這樣的情緒會持續一段不短的時間，約十分鐘或更久。

完全錯誤 ○—○—○—○—○—○—○ 完全正確
介於中間值

Q4 孩子生氣或氣惱的時候，很難安撫孩子或很難轉移他的注意力。

完全錯誤 ○—○—○—○—○—○—○ 完全正確
介於中間值

看一下你都圈選在什麼位置，如果你多半圈選在縱軸下半部，那麼你的孩子天性傾向於高度情緒性。如果你多半圈選在縱軸上半部，那麼你的孩子天性屬於低度情緒性。以下是低度情緒性的其他指標：

Q5 當事情沒有按照計劃進行，我的孩子不會太過氣惱，孩子的情緒還滿能夠「視情況而定」。

完全錯誤 ○—○—○—○—○—○—○ 完全正確（介於中間值）

Q6 當我的孩子難過、氣惱的時候，他滿快就可以調適過來，將注意力轉移到另一項新的活動上。

完全錯誤 ○—○—○—○—○—○—○ 完全正確（介於中間值）

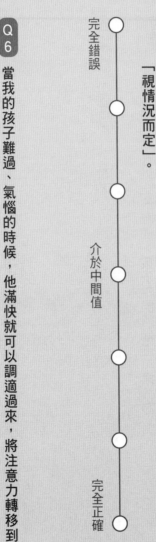

Q7 將Q1～Q4（高度情緒指數）和Q5～Q6（低度情緒指數）綜合評估。你多半圈選在哪一個位置？整體來說，你的孩子落在情緒性維度上的哪一個位置？

○—○—○—○—○—○—○

低度情緒性　中度情緒性　高度情緒性

自律性（「EF」因子）

Q1 當被告知「不可以」的時候，孩子就能夠停止一項行為。

○—○—○—○—○—○—○

完全錯誤　介於中間值　完全正確

Q2 孩子在從事單一活動（例如塗色或堆積木）時，會表現出強烈專注力。

完全錯誤 ○—○—○—○—○—○—○ 完全正確（中間：介於中間值）

Q3 孩子很能夠遵從指示。

完全錯誤 ○—○—○—○—○—○—○ 完全正確（中間：介於中間值）

Q4 如果事先跟他說某件事會有危險，孩子要進入該種情況時會小心注意。

完全錯誤 ○—○—○—○—○—○—○ 完全正確（中間：介於中間值）

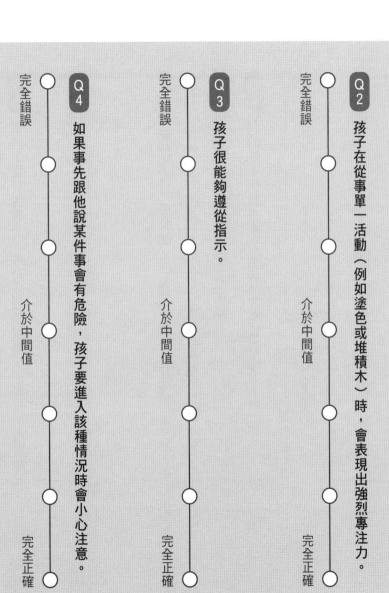

Q5 跟孩子說要先等一下才可以做某某事，他可以耐心等候。

完全錯誤　　　　介於中間值　　　　完全正確

看一下你都圈選在什麼位置，如果你多半圈選在縱軸下半部，你的孩子天性具有比較高的自律性。如果大部分的記號都出現在縱軸上半部，則孩子天性的自律性屬於低度。下面再列出一些低度自律性的指標：

Q6 我的孩子很難乖乖坐著或是等待輪到他。

完全錯誤　　　　介於中間值　　　　完全正確

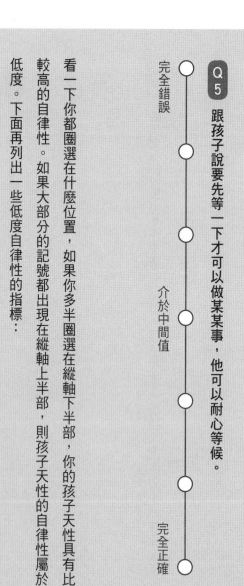

Q7　我的孩子總是未先思考周全，就急匆匆地加入某種活動或情境。

完全錯誤　　　　介於中間值　　　　完全正確

Q8　將 Q1～Q5（高度自律指數）和 Q6～Q7（低度自律指數）綜合評估。你多半圈選在哪個位置？整體來說，你的孩子是落在自律性維度上的哪個位置？

低度自律性　　　　中度自律性　　　　高度自律性

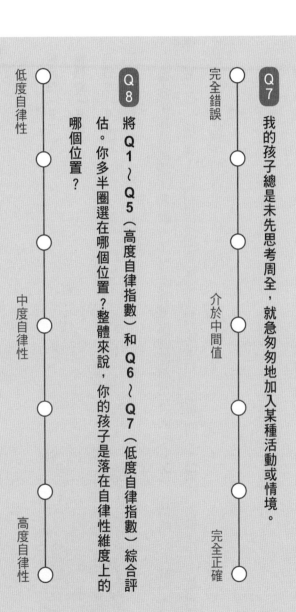

孩子的天賦密碼

根據前面的答案，在下方表格圈選出孩子在三大特徵上，各位於低、中、高的什麼位置。

外向性（EX）	低	中	高
情緒性（EM）	低	中	高
自律性（EF）	低	中	高

為方便快速記憶，我附上了每一種維度的簡稱：外向（EX）、情緒（EM）、自律（EF），例如，我們可以簡短描述某個孩子是：高外向、高情緒、低自律，讓我們比較容易記住孩子的天生性格。

天賦密碼完整評量測驗：關於你

請思考你自己的天生性格，來回答下面的問題。以下問題跟評量孩子的問題不太一樣，因為成人具備更多發展完全的性格，除了天生的遺傳稟性以外，還要加上多年來人生經驗的影響。在下面的問卷中，我將成人各種不同的個性風格與孩子的三種維度進行了完整配對。這個活動的目的是要呈現你自己天生的性格傾向，這樣你就更能了解要如何根據你的個性，來配合孩子的天生性格。

外向性

Q1 你是否只要有其他人跟你在一起，就會精神百倍？

○—○—○—○—○—○—○

完全錯誤　　介於中間值　　完全正確

Q2 你是否喜歡參加大型派對，認識新朋友？

完全錯誤 ○—○—○—○—○—○—○ 完全正確
（介於中間值）

Q3 你是否健談、多話，總是精神奕奕的樣子？

完全錯誤 ○—○—○—○—○—○—○ 完全正確
（介於中間值）

Q4 你是否生性直率，善於交際？

完全錯誤 ○—○—○—○—○—○—○ 完全正確
（介於中間值）

以上這些問題是外向性的指標。如果你的回答偏向正確，就表示你具有較高的外向性。如果你的回答偏向錯誤這一端，則表示你具有較低的外向性。以下還有一些低度外向的指標：

Q5 一般而言，你是屬於比較含蓄、寡言的人？

完全錯誤 ○—○—○—○—○—○—○ 完全正確

介於中間值

Q6 跟吵雜、鬧哄哄的派對相比，你比較偏好安靜的活動，像是讀本好書之類的？

完全錯誤 ○—○—○—○—○—○—○ 完全正確

介於中間值

Q7 你比較喜歡一個人獨處，或跟少少幾個比較親近的朋友相處，而不是在人群當中？

完全錯誤 ○—○—○—○—○—○—○ 完全正確

介於中間值

Q8 如果你在Q1～Q4中的回答偏向錯誤，Q5～Q7中的回答偏向正確，表示你屬於低度外向。

綜合評估Q1～Q4（高度外向指數）和Q5～Q7（低度外向指數）。

你多半是圈選在哪一個位置？整體來說，你在外向性的維度上落在哪裡？

低度外向 ○—○—○—○—○—○—○ 高度外向

中度外向

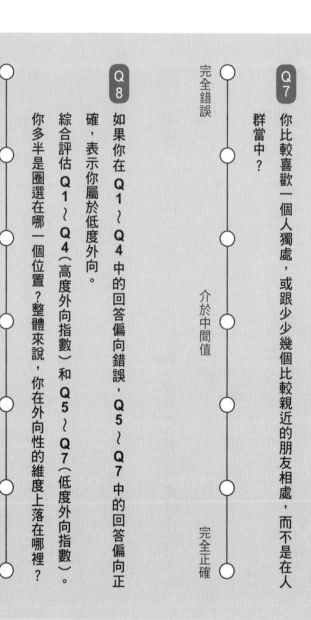

情緒性

Q1 你很是容易緊張的人嗎？

完全錯誤 ○ ○ ○ 介於中間值 ○ ○ ○ 完全正確 ○

Q2 你會擔心很多事嗎？

完全錯誤 ○ ○ ○ 介於中間值 ○ ○ ○ 完全正確 ○

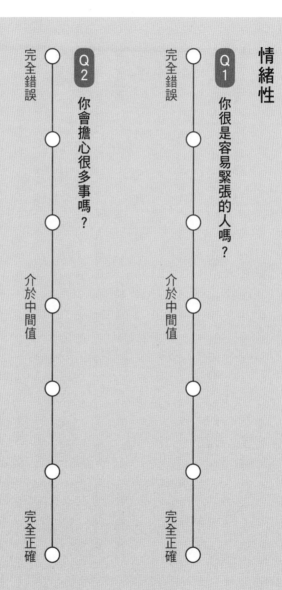

Q3 你會不會很容易就情緒低落或感覺憂鬱？

完全錯誤 ○—○—○—○—○—○—○ 完全正確
（介於中間值）

Q4 如果事情的發展不如預期，你是否就會非常沮喪、難過呢？

完全錯誤 ○—○—○—○—○—○—○ 完全正確
（介於中間值）

在前述這些問題中回答偏向「正確」，表示你具有較高度的情緒性。以下是一些關於低度情緒性的指標：

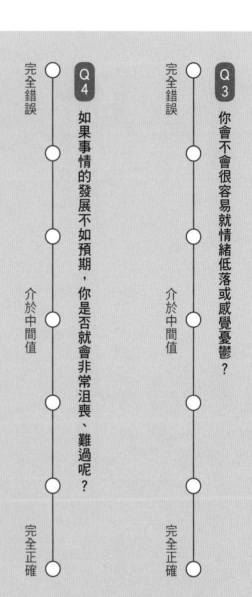

Q5 你是否輕易就能處理壓力問題？

完全錯誤 ○—○—○—○ 介於中間值 —○—○—○ 完全正確

Q6 你的情緒是否通常都是比較平穩？你不容易感到氣惱？

完全錯誤 ○—○—○—○ 介於中間值 —○—○—○ 完全正確

Q7 你在緊張的情況下是否能保持鎮定？

完全錯誤 ○—○—○—○ 介於中間值 —○—○—○ 完全正確

Q8 綜合評估Q1～Q4（高度情緒指數）和Q5～Q7（低度情緒指數）。你圈選的位置多半落在何處？整體來說，你落在情緒性維度的哪一個位置？

○—○—○—○—○—○—○

低度情緒性　　中度情緒性　　高度情緒性

自律性

Q1 你是否擅長做計劃並忠實完成它？

○—○—○—○—○—○—○

完全錯誤　　介於中間值　　完全正確

Q2 你是否能夠持之以恆地完成一項任務，即便那項任務很無聊？

完全錯誤　　　介於中間值　　　完全正確

Q3 你要從事某件事之前，是否會先周詳思考過後再去實行？

完全錯誤　　　介於中間值　　　完全正確

若你的答案偏向正確的為多，表示你具有高度的自律性。接下來的問題則是低度自律性的指標，如果這些問題的答案以正確為多，則表示你的自律性較低。

Q4 你是否粗心大意、沒有條理？

○—○—○—○—○—○—○

完全錯誤　　介於中間值　　完全正確

Q5 你是否容易分心？

○—○—○—○—○—○—○

完全錯誤　　介於中間值　　完全正確

Q6 綜合評估Q1～Q3（高度自律指數）和Q4～Q5（低度自律指數）。

你多半圈選在什麼位置？整體來說，你落在自律性維度上的哪一個位置？

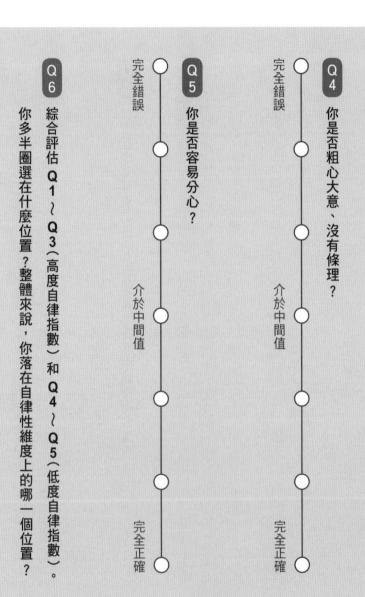

低度自律性 ○—○—○—○—○—○—○ 中度自律性 ○—○—○—○—○—○—○ 高度自律性

低度自律性　　　中度自律性　　　高度自律性

風險承擔性

這裡有另一個重要的維度：風險承擔性。在兒童身上，風險承擔性跟孩子的外向性和自律性有關。至於在成人身上，由於成人的大腦已經比較能夠處理和辨別複雜事物，可以將風險承擔性跟外向性和自律性區分開來。請花點時間思考以下的敘述：

Q1 我真的很樂於承擔風險。

完全錯誤　　　介於中間值　　　完全正確

Q2 我喜歡獲得全新和刺激的經驗，即便那些經驗可能會有一點嚇人。

完全錯誤			介於中間值			完全正確
○	○	○	○	○	○	○

Q3 綜合評估Q1～Q2（高度風險承擔指數）。整體來說，你落在風險承擔性維度的哪個位置？

低度風險承擔			中度風險承擔			高度風險承擔
○	○	○	○	○	○	○

你和孩子的天賦密碼

根據你前面的答案，在下面標記出你在三大維度和風險承擔性上，各位於低、中、高度的什麼位置。

天賦密碼	我的性格			孩子的性格		
外向性（EX）	低	中	高	低	中	高
情緒性（EM）	低	中	高	低	中	高
自律性（EF）	低	中	高	低	中	高
風險承擔性	低	中	高			

現在，回顧一下孩子的天賦密碼，然後跟你的比較。你和孩子在天生性格上的相似性有多高？身為父母所經歷的許多壓力來源，都是肇因於父母和孩子的天生性格不符，

以至於大人沒有意識到是按照自己的天生氣質為孩子創造環境，但並不適合孩子。不過，好消息是，透過了解並認清這些親子之間的張力點，可以輕鬆地大幅消弭緊張的親子關係。更進一步地，讓孩子了解受遺傳影響的天賦密碼，你能夠幫助孩子更好地了解自己，教導孩子如何管理自己的天生性格傾向。這能夠幫助孩子加強優點，建立策略，應對可能會遭遇挑戰的情況。接下來幾個章節，我們要更深入討論每一種天賦密碼的維度，告訴你如何建立好的親子適配性。

重點整理

- 孩子的差異性表現在三大受到遺傳影響的性格維度上，那就是所謂的「三E」：外向性（EX）、情緒性（EM）、自律性（EF）。
- 孩子的「外向性」與天生性格傾向於有多少正向情感、活動力和探索行為有關。
- 孩子的「情緒性」指的是天生性格傾向於感到多少煩惱、恐懼、沮喪。

- 「自律性」是指孩子調節自我情緒和行為的能力。
- 孩子在性格上的差異會給父母帶來難題，而孩子也會有不同的需求。「適配性」是孩子和爸媽之間的匹配程度，更廣泛一點還包括爸媽提供給孩子的環境。
- 當孩子得到的環境與天生氣質相互搭配時，孩子就更能茁壯成長。了解孩子和你自己的天生稟性，能夠幫助你為孩子帶來好的適配性，減輕每個人身上的壓力。

第4章

第1種天賦密碼：外向性「EX」因子

你是外向人還是內向人？

對這個問題，幾乎所有人心裡都有一個確定的答案。我是個外向人。對我來說，一個開心的週五夜晚，就是要把一大群女性朋友約出來，一起找家新開的時髦餐廳吃飯、喝酒（在我二十幾歲的那些年，還要加上跳舞！），才不會虛度。我喜歡人群，我喜歡去沒去過的地方，嘗試沒試過的事物。如果窩在家中太久，缺乏與人互動，我就會開鬱悶地想發瘋。要是我一整天都待在家中的電腦前寫東西，當我倒楣的老公下班一踏進家門，不，他還沒踏進家門就會被我連珠炮似的問題給煩死。

我們經常談及成人的外向和內向性格。如果你要內向人士週五晚上留下來參加辦公室舉行的派對，要跟陌生人搭訕講話，他們肯定會愁眉苦臉。而如果你要外向人士整天坐辦公桌，沒人可以講話，他們一定很痛苦。我們能夠理解一名成人的外向程度，會如何影響到他的日常生活、與他人的人際關係，以及他會選擇去參與（或避免！）什麼樣的活動。但我們卻沒有同樣去衡量孩子的外向或內向性格會造成什麼影響，這可以說是一種錯誤。

兒童在很早期就會顯現出天性是否喜歡人群，是喜歡安靜還是喧鬧的活動。他們就跟成人一樣，強迫他們待在不合適的環境會導致強烈的不適感。甚且更糟的是，兒童並沒有像成人那樣的認知成熟度來處理那種不適，這會導致他們脾氣發作或是做出尷尬行為。

在這一章當中，我們會討論外向性從高至低的兒童，以及他們該有的樣貌。這一章的內容能幫助你更佳了解孩子，孩子的外向程度會如何影響行為以及你和孩子的互動，各種不同程度的外向性格有哪些好處或不太好的地方。最後，我們會談到——也是最重要的——對於不同外向程度的孩子該採用什麼樣的教養策略。

講到內向、外向，雖然這兩者看起來好似不同的東西，但別忘了，所謂內向、外向只是同一種程度高低有別的特質而已。在學術研究的領域裡，我們會用一個人的外向性是高或低的說法來形容。在這一章節裡，我則會直接使用「外向」和「內向」二詞來形容此一性格軸兩端的孩子，但還是要再次提醒讀者：孩子的性格並非是「非此即彼」的，有許多孩子的性格是落在長長光譜中間的各個位置。這些中等外向的兒童可能會展現出某些外向性格的典型特徵，以及某些內向性格的典型特徵，這一點對成人來說也是一樣的。

高度外向兒童

我三歲大的兒子坐在兒童泳池的邊緣，這時有個跟他差不多年紀的小女孩走來坐在他旁邊。「嗨，我叫莎凡納，你呢？我們來當朋友好不好？你喜歡游泳池對不對？我們家也有個游泳池。或許你哪天可以來我們家玩，一定很好玩！我們來問爸爸媽媽，我們可以玩扮家家酒，你當爸爸我當媽媽。我有很多玩具喔，你喜歡哪一種玩具？」我兒子靜靜地坐著看著她，彷彿她是某個異世界降臨的陌生物種。莎凡納是個標準的高外向兒童，而我的內向小孩不曉得該拿她怎麼辦！

高外向孩子天生就喜歡認識新朋友，去沒去過的地方，嘗試新鮮事物。他們只要有人圍繞，就會活力十足。他們能夠跟陌生人攀談起來，可以非常健談（我孩提時代的小名是「饒舌的丹妮」，我媽媽則是「話不停的琳恩」，可以看得出來我們家是非常標準的由高度外向者主導的家庭）。高外向兒童容易把心裡想的事講出來，他們喜歡告訴你一天過得怎樣，還有腦袋裡流竄的想法。他們喜歡各式各樣的活動和人們。能夠自在坦然地成為注目的焦點，而且經常會想要追求眾人的注意。

優點

如果你的孩子是高外向兒童，應該已經發現了幾項外向性格帶來的優點。高外向兒童的社交能力較為活躍，很快就能交到新朋友。如果你帶高外向兒童去遊戲場，他們會立刻衝進去，跟其他孩子一起玩。如果有一群人在街角打籃球形成對戰，他們一定立刻加入。

高外向孩子可以很迷人，看到他們跟其他人互動會覺得很欣慰。我還記得看到我的姪子格瑞森，拖著他三歲的小身體，搖搖晃晃地走向海灘上一群正在玩球的大孩子，說：「哈囉，我可以一起玩嗎？」格瑞森太可愛了，以致那群以女孩子為多數的大孩子們立刻喜歡上他（然後格瑞森的媽媽那天就可以喘口氣，不用一直跑著去追他回來了！）。高外向兒童能夠輕鬆自如地與他人互動，經常使大人小孩都喜歡他們。

他們願意認識新朋友，嘗試新事物，使他們得到很多成長和學習的機會。與其他孩子和大人的互動增加，同時也增進了他們的社交技巧。他們對於前往新地點有高度意願，這給他們更多機會，去體驗和學習這個世界。與他人互動和嘗試新事物，會給高度外向人士製造正向情感。正向回饋的循環能夠讓人產生更高的動力去達成目標。他們天性傾向帶有正向情感，這在面對挑戰性的經驗時可以成為一種緩衝。

外向性格可以讓人在學校，甚至最終在職場裡獲得優勢，外向的人經常被人視為天生的領袖人物。在社會上，我們傾向給予外向性格高評價，這被稱為「外向優勢」。新的研究顯示，外向人士能夠靠著一種意料之外的方式擁有優勢，那就是他們與人互動的時候，通常會下意識地仿效對方的肢體語言、說話模式和動作。這稱為「模仿」（mimicry），這需要提高專注力在對方身上才能辦到。我們已知，相仿的話語和身體語言能夠提高人與人之間的正向感受，這能夠解釋為什麼人們似乎都會受到外向人士的吸引。

沒那麼優的點

有個高外向孩子是很棒，不過也是有一些沒那麼好的事。高外向兒童容易總是「停不下來」。他們渴望參與活動，渴望刺激，這表示他們有很多精力需要發洩！對做父母的來說，得想辦法讓孩子保持忙碌。這些活動很累人，特別是如果你的外向程度比較低的話。還有，許多高外向孩子是「低自律」（低自律性）的。自我的控制力低，再加上有許多精力要發洩，這就解答了家裡為什麼老是有許多物品被弄壞了！我有個朋友曾經打趣說道，她過去很不解為什麼很多父母打從天一亮就像個陀螺般轉個不停，直到她生了第二個（高外向）孩子。在她還只有第一個（低外向）孩子的時候，她的早晨例行公事是慢慢品嘗一杯咖啡，孩子則在一旁玩玩具、堆樂高，或是玩拼圖。等到第二個孩子出世，悠閒靜謐的週六早晨就此消失無蹤，從孩子睜開眼、腳一踏到地上，一整天的混亂就此揭開序幕！

另一個挑戰，是因為高外向兒童無時無刻不渴望跟其他人互動，而這一點——讓我們老實說吧，有時候真的是頗煩人的。高外向兒童覺得世界只會圍著他們轉，因此可能缺乏自我意識。他們可能無法了解並不是所有人隨時都想要有人陪伴，無論對方是其他兒童或是他們生活中的大人。高外向兒童會跟著你去廁所、去臥室，像個跟屁蟲一樣滿屋子轉。就像直到現在，外子還是需要提醒我，並不是所有人都有精神應付沒有盡頭的對話。

如果你的孩子是高外向兒童，你需要把這件事記在你的親子雷達上：你社交能力高超的孩子在小時候或許人見人愛，但到了青少年時期可能會變得非常難搞。高外向孩子比較容易在長大了一點後，給父母帶來數種挑戰。因為他們喜歡跟同儕待在一起，高外向孩子在青少年和二十歲前後，更容易受到同儕影響。他們與生俱來的社交天分，使他們比較在意其他人的想法。青少年的時候，容易受不了誘惑去嘗試酒精或毒品，以及從事危險的行為。那個現在會在你的親友面前，隨著碧昂絲最新熱門金曲舞動的小可愛，可能會在十五年後，在大學的兄弟會派對上，一樣跳到桌子上跳舞。

低度外向兒童

如果我們放任她，我的繼女可以一整天都在家裡玩。她會拖出她的小碗盤，我們玩一會兒廚房遊戲。然後她會玩洋娃娃。她又會拿出一本書，坐在讀書椅上，看那些圖畫。然後她玩著色圖，又玩拼圖。她會騎她的小木馬，然後幫它們蓋一個想像世界。我先生和我是可以陪她玩個十分鐘的廚房或木馬，但是再多就受不了了。

外向性低的孩子，會比較投入在自己的想法、情緒和玩耍的內在世界裡。

低外向兒童喜歡自己安靜地待著，不需要時時刻刻都有活動、冒險或其他人的刺激。事實上，太多刺激可能讓外向性低的孩子難以承受。如果要去很多人的場合或參加一場繁忙的活動，他們之後會需要一點安靜的時間充充電。低外向兒童比較喜歡跟一小群人消磨時間，而不是跟一大批人。他們不喜歡成為注目的焦點，要花久一點的時間，才能跟不認識的人熟絡起來。高外向兒童擁有廣大的社交圈和廣泛的興趣，低外向兒童喜歡跟少數幾個親近好友一起，比較喜歡一次專心在一種活動上。不過，如果他們跟你待在一起很放鬆，或是真的很喜歡某個議題，也可以表現得非常放開心胸和健談，落差之大，你可能還會疑惑：剛才這個跟你在一起還落落大方的孩子，怎麼有別人進來以後就突然不說話了。低外向兒童要加入一個新活動或新團體之前，喜歡先觀察一下。他們需要有人鼓勵，才會發表意見或表達主張。

優點

雖然剛才談了不少「外向優勢」，不過外向性低也是有很多優點的。低外向兒童管教起來比較輕鬆（特別是如果同時具備較低的情緒性），天生就比較能夠尊重他人的空間（讓爸媽也能有獨處的時間）。他們比較不黏人，也不會在學校裡過分頑皮。比較不會受同儕間的流行影響，能夠按照自己的計劃和想法行事。要做出一項決定，或是要跳下去做某件事之前，比較能夠想得深入一點。天才物理學家愛因斯坦就是個知名的內向人物，他曾經說過，「平靜生活中的千篇一律和孤獨寂寞，能夠刺激具有創造力的心智」。內向的人通常比較具有創造力，比較會深思熟慮和縝密籌劃。比較能跟他人耕耘深入的關係，重質不重量。他們重視私人性，也使他們比較能夠獨立自主。

沒那麼優的點

低外向兒童比較容易需要大人哄勸，才會願意嘗試新事物。他們喜歡待在舒適圈裡，不認識的人、沒去過的地方可能會使他們精疲力竭。所以如果不適度推他們一把的話，低外向孩子可能不會想要去探索未知事物，或是去認識新朋友。需要社交的場合對他們來說可能是種壓力。而如果他們碰巧也屬於情緒性高的孩子，促使他們接受感到不舒服的情況，可能導致他們脾氣發作或情緒爆發。由於跟別人相處會使他們消耗比較多的精力，低外向孩子在從事活動之後需要較多的停機時間，或是在不同活動之間需要暫停休息。如果讓他們安靜的時間不夠，容易變得易怒或壞脾氣。

低外向孩子由於比較安靜，所以有時容易被忽略。他們不像高外向孩子那樣需要他人的注意，也比較不會主動說出自己的意見。因為他們比較不常跑去黏著父母或老師，可能給人一種不太需要大人的印象，這意味著低外向孩子沒有從生活中重要的成人處獲得需要且應得的注意。他們比較獨立，也比較會自我思考，這也會使得他們不容易受到外在影響，對孩子面臨同儕壓力時是件好事，但要是他們對於遵循你的指示沒那麼情願時，就沒那麼好了。內向人士比較滿足於自己的想法，可能會花久一點時間才會對你回應，這可能會使他們被認為是個性固執。當外向性低的孩子被催促要大聲說話，或要趕快做出決定，可能會感受到壓力，或是直接僵住。這使人誤認為低外向孩子個性頑固，或是沒有像高外向孩子那樣聰明、反應快。這也可能造成孩子質疑自己，是不是不像其他孩子那樣聰明可愛，或者他們是不是有什麼問題。

低度外向或害羞

低外向孩子有時候會被描述成是害羞，但害羞和內向事實上是兩回事。這兩種特質之所以被人混淆，是因為低外向和害羞可以導致類似的行為，例如不願加入團體活動或跟其他孩子一起玩。兩者間主要的不同點在於，低外向兒童「喜歡」獨處，偏好跟少數人待在一起，害羞的兒童則希望跟團體待在一起，卻對與人社交感到緊張（或是極端相反：社交性焦慮）。害羞的兒童可能會落在外向性維度的任一位置，如果他們的外向性是中度至高度，對於與其他孩子互動的不安可能導致寂寞感受，因為他們天性喜歡跟其他人相處。低外向孩子則可能跟他人互動沒有問題，只是選擇不這樣做。身為父母，你有最好的條件去弄清楚孩子是低外向還是害羞。問問自己：孩子獨處時看起來不快樂嗎？他們是想要跟其他孩子相處，但太緊張以致不敢加入嗎？以上任何一個問題的答案如果是「是」，你的孩子就有可能是害羞而不是內向，那麼努力磨練社交技巧會對他們有幫助。雖然害羞有部分是受遺傳影響，但害羞並不是一種性格特質，絕對可以靠著練習而改善的。

提升孩子社交力的策略

無論你的孩子是個話匣子停不了的高外向兒童，還是不喜歡參加團體活動的低內向兒童，磨練社交技巧都能夠使大部分孩子獲益。就跟走路、講話一樣，與人互動是可以透過練習來學習並微調的。社交技巧對發展中的大腦來說是難以捉摸的；某些時候你會希望孩子能夠主動發聲（例如，當他們看到朋友被人取笑時），但某些時候你會希望他們把嘴巴閉上（例如，你們在商店購物，排在前面的人使孩子感到震驚，忍不住想要發表意見：「媽咪，那位女士的髮型好誇張！」）。

好消息是，隨著孩子不斷成長，社交技巧也會提升（成人經常也是如此）。幫助孩子發展社交敏銳度，最好的方法是「透過對話學習」。情緒能力（emotional competence）指的是一個人面對多數社交情境所需要的重要能力，這表示孩子要是能夠理解情緒如何連結到行為，就能更佳地與他人互動。任何場合都可以找到機會教導孩子這些技巧（問我兒子就知道了，他將之稱為「媽咪小撇步」，雖然現年十三歲的他，講到這個會順道翻個白眼）。舉例來說，你可以和孩子共讀一本書，然後談談書裡發生的事，將書中人物的行為跟情緒連結在一起。為什麼你覺得兔兔會這麼生氣呢？大象把小豬的玩具拿走時，你覺得小豬會覺得怎麼樣？當孩子放學回來跟你說另一個孩子在學校裡做了某件事時，可以藉此機會跟孩子談談，有沒有可能做出不同的選擇。

你也可以用角色扮演的方式，帶領孩子應對他感到困難的社交情境。舉例來說，如果你外向性低的孩子在跟大人說話時，不敢看向對方的眼睛，你們可以一起練習，並幫助孩子了解為什麼這項技巧是重要的。你可以跟孩子說一個故事，說故事的時候眼睛看著地上，然後問孩子他感覺怎麼樣。這能幫助孩子了解，如果跟他人交談時沒有眼神交流，會讓對方覺得不舒服。接著讓孩子練習跟你講一個故事，要他把眼神放在你的身上。

「熟能生巧」（或許未盡完美但總是更好）不只適用於團隊運動，幫助孩子培養社交技巧也是同樣的道理。當孩子在社交上表現很好時，記得要給予讚美，像是高外向孩子讓其他人有機會講話，或是低外向孩子自發性去認識新朋友。口頭嘉獎孩子的好行為是幫助孩子學習的好方法，還能夠增加這些你想要看到的好行為的出現頻率（下一章會談到更多）。

高外向兒童	低外向兒童
樂於認識人	偏好跟小團體和好友待在一起
喜歡去新地方	社交活動結束後需要充電時間
喜歡嘗試新事物	開始一項活動前喜歡先觀察
愛講話，會把心裡想的事講出來	喜歡靜態的活動
喜歡成為注目的焦點	不喜歡成為注目的焦點
容易結交新朋友	跟人需要時間才能熟絡起來
需要大量肯定	獨自一人玩就很滿足

教養孩子的外向程度

明白孩子的需要，可以是教養一職當中最具挑戰性的一環，但幸好，知道孩子的外向性落在什麼位置，會有很大的幫助。外向程度不同的孩子需要父母給他們不同的東西，這樣父母就能夠做出簡單的調整來創造親子間的適配性，減少孩子的不佳行為。外向性不同的孩子也會在不同的領域需要成長。我們可以幫助孩子的發展。

教養高外向兒童

高外向兒童很需要互動，無論是從你身上或是從其他人。以下是一些策略，可以給予他們需要的出口和渴望的注意，同時還能教導他們保持安靜並不是一件壞事，以及他們需要學習把鋒頭讓一些給別人。

給予他們大量社交性刺激。讓外向性高的孩子處在活躍、繁忙的環境，他們會表現得很好。他們需要與人社交的機會。父母可以讓他們接觸許多不同的環境，因為他們比較願意嘗試新事物，也較有可能喜歡那些事物。遊戲玩伴、主題樂園、保齡球館、演唱會、運動比賽、兒童劇場、舞蹈／體操課、營隊／團體活動、公園，任何只要是以人為中心的場所，都很適合外向性高的孩子。在你住家附近的地區找找適合參加的活動，或許你會想要做成一張表貼在冰箱上。我有個朋友就做了一張我們這地區所有兒童活動

（博物館、公園等等）的日程表，貼在早餐桌旁邊的牆上，上面還附注每一家設施的每日營業時間。哪個公園幾點開門、星期幾開放，她全都清清楚楚。這樣她才能在她高外向的兒子吃完早餐，準備全速運轉前，趕緊拎著孩子出門，以免她狹小的家遭殃。

給予大量回饋意見。高外向兒童喜歡談論事情，他們的大腦是設計來接收互動的，從他人處收到正面回應會讓他們得到活力和動力，這意思是高外向孩子渴望你的注意和意見。孩子想要你看著他們攀爬單槓架，跟孩子說他們爬得有多高。他們想告訴你今天在學校做的所有事，想讓你跟他們一樣激動。如果你自己也是個高外向的人，那麼應該可以很自然地說出這樣的話：「哇，看看你在單槓架上爬那麼高！」、「那聽起來好好玩喔！」但如果你是低外向的人，恐怕就沒法做得那麼怡然自得了。曾經有低外向的父母告訴我，他們覺得要不時為孩子的行為做出回應很荒謬，或者要不時讚美孩子感覺好像不太合適。

如果你是低外向的父母，要記得高外向孩子的大腦構造跟你不太一樣，他們需要其他人的回饋以幫助成長。如果孩子不能從你這邊得到，就會尋求從他人處得到，這對孩子來說未必總是好事。要曉得，給予孩子回饋並不是劈頭灌下大量不實讚美，你可以只是把孩子的行為重述一次而已，像是：「聽起來你今天在學校很忙喔！」、「你跟其他小朋友玩了那麼多遊戲啊！」千萬不要吝於讚揚孩子達成的成就，像是：「現在騎腳踏車騎得很好了喔！」、「你真的學會怎麼跟其他小朋友好好玩了喔！」提供正面回饋是很好的做法，能夠增強你希望在孩子身上看到的好行為。還有就是不要忽略好的、只評價不好的行為，因為孩子很快就發現哪些類型的行為會引起你的注意！

教導孩子慢下腳步。因為高外向兒童隨時都想要動，你需要教導他們把節奏放慢的重要性。沒錯，探索這世界和參加大量活動會帶來許多美好事物，但每一個人都需要靜下來充電的時間，無論自己有沒有意識到。高外向兒童天生就不會注意到這件事。特別是長大以後，容易過度延伸自己對事物的興奮，涉入許多活動中，從而導致應接不暇，難以承受。如果孩子是高外向兒童，你可以從早期階段就教導他們，花點時間安靜下來也是很重要的。學習如何控制自己不要過度運轉，是高外向兒童需要發展的重要技能。雖然高外向兒童喜歡社交互動和隨之而來的正向情感，但還是有可能會把自己搞得精疲力竭，過度疲累，進而導致哭嚎、吵架或脾氣爆發。當我們疲累時，沒有人能拿出自己最好的一面。

在社交性或戶外郊遊的活動之間，找出時間進行較為靜態的活動。還有很重要的是，要跟孩子談談為什麼你會這樣做，讓他們了解，也開始內化要找時間放鬆和重新整理自己的重要性。實際實行起來大概會是什麼樣子呢？

高外向兒童：「我們去游泳池好不好？」

父母：「早上已經跟其他小朋友去過公園嘍，我知道你喜歡有人陪你，可是我們每個人都需要一點時間休息，養精蓄銳。我陪你一起玩拼圖好不好？」

高外向兒童：「我想去公園玩！」

父母：「我知道去外面很好玩，又可以玩很久，但是我們每個人都需要花些時間放慢一下，這不只為了自己也是為了其他人，不然會把自己累壞的。上次生日你不是得到一盒樂高嗎？我們去把那條船組起來好不好？」

如果這位高外向小朋友抗拒或抗議的話，別意外，畢竟他們的天性就是想要往外跑！大腦的組成會促使我們想要得到喜歡的東西。高外向兒童就是喜歡與人互動，那讓他們感到滿足。但是父母的職分有一部分就是要能夠溫柔地挑戰孩子的天性傾向，幫助孩子了解必須學會控制欲望。且父母也占據一個最好的位置，為孩子評估他們需要多少活動和互動，以及能夠應付的程度。我這樣說並不是要爸媽硬生生地規定孩子每天都一定要有多少的「停機時間」（除非這樣很適合你和孩子），而是合理地抓出大概多少活動量對孩子是好的，然後據此計劃靜態的時間。對某些孩子來說，可能需要一天一次，有些也許一星期一次。重要的是要跟孩子談談慢下腳步的必要，並學習享受與自己相處的時間。幫助孩子了解，跟自己度過一段安靜的時間也可以很滿足。你可以跟孩子說：「你有沒有發現，自己安靜地在房間裡讀了一會兒書之後，現在你又精神百倍了？你又能好好玩嘍！」或是：「有時候我們如果一直動個不停，就開始覺得興奮過頭，那就好像一壺水如果一直燒，就會沸騰到滿出來！我們只要把火關小，做一會兒安靜的事情就好。」

當你發現高外向孩子享受在安靜的活動當中時，記得要向孩子說明並給予鼓勵，你可以說：「你拼了一幅好棒的拼圖！你一定很得意吧，偶爾靠自己完成一件作品，感覺很棒對吧。」這樣，孩子就學到這中間的關聯。再舉個例子：「早上我們忙了那麼多事情，現在僅僅是躺在草坪上看天空的雲，就很舒服。」久了以後，孩子漸漸能養成習慣，把靜態的時間融入日常生活中。

教導孩子反省和同理。高外向孩子可能需要爸媽幫助他們學習思考和反省。如同前面討論過的，每個人都只知道用自己的方式來面對這世界，很自然地會用自己的想法去測度其他人。所以，你要幫助高外向孩子了解，雖然加入人群、參與活動和對話會讓他感到精神百倍，但並非每個人都是這樣。有些人需要一點時間處理自己的想法，有些人喜歡跟人相處，但不需要開口講話講個不停。如果孩子有兄弟姊妹或朋友是你認為屬於外向性較低的，可以把對方當作範例來教孩子，例如：「像你的朋友麥可就是啊，你們在一起可以玩得那麼開心，不過，你有沒有注意到麥可不像你講那麼多話？有時候你要記得停一下，讓麥可也有機會講話。」或是，「我知道你思考事情時喜歡用說出來的，但有時候最好還是先停住嘴巴，先在大腦裡思考過比較好。」第 6 章要談到自律性，就會談到教導孩子「先停再行」的許多策略。這些策略或許會對你的高外向孩子很有用。

教養低外向兒童

低外向兒童不像高外向兒童那樣那麼需要他人的注意，但這不表示他們就不需要。

以下會談到一些策略，讓低外向兒童的爸媽來幫助帶領這些天生就比較安靜的孩子。

幫助這類型的孩子感到被愛和被接受。這或許聽起來是個不需用大腦就能想得到的建議，我們當然都希望孩子被愛和被接受啊，但事實是，我們活在一個以外向人士為主的世界。我曾讀過，外向人和內向人的比例是三比一。在美國社會，人們頌揚的是有缺陷的個人主義：要做什麼事就要在人前站出來，要說出自己心裡的話。我們活在一個由外向人建構起來的社會，因為這個緣故，低外向兒童可能覺得跟這個地方格格不入、感到他們的「不足」，或比較不能適應。如果你家其他大人小孩的天生氣質以外向為主，低外向兒童可能在家會有這種感覺。他們也可能在學校裡會有這種感覺，會主動發言和常舉手的學生（通常是外向性兒童）比較醒目。年紀幼小的孩子可能不懂為什麼會覺得自己格格不入。

低外向兒童的爸媽最重要的工作就是幫助孩子了解自己。你要幫助孩子了解自己沒有任何問題，跟孩子談談每個人生來都帶有特徵各異的天生氣質。告訴孩子，有些小朋友喜歡加入人群、參與活動，有些小朋友要自己從事安靜的活動比較自在，然後你可以問孩子比較喜歡哪一種。跟孩子解釋他們是屬於比較「內向」的性格（我直接使用這個比較難的字眼，因為他們有可能在外面遇上這個詞語，所以讓他們理解其意義是有益的）。幫助孩子了解內向人的所有優點，例如內向的人是安靜的思考家，自我安靜的時間能帶來更多創造力和深入的思考。內向人能與人建立深刻的關係，所以能夠交到要好的朋友。跟孩子一起在網路上搜尋知名的內向人士，讓孩子了解，個性內向也能夠在社會上成功，而且內向人的個性比較特別。

由於我們活在一個受外向人主宰的世界，低外向孩子可能需要爸媽給予更多支持和鼓勵。孩子需要知道你愛他們，即便他們不總是人群的中心，或者他們不是遊戲場上最受歡迎的小朋友。如果孩子因為「太安靜」跟同儕發生問題，且因此感到他們不被接受，你要跟孩子練習以下列出的一些社交技巧策略。低外向兒童需要了解：「多」不見得總是比較好，「少」沒關係，只要「足夠」便好，例如跟你依偎在一起、閱讀一本書、在家裡一起玩、少數幾個知心朋友等等。低外向孩子比較能夠享受生活中的簡單樂趣，爸媽可以幫助這樣的孩子看見這是種天賦，而不是缺陷。

找到適合他們性格的活動。低外向兒童天生就喜歡涉及人數較少的活動，他們不喜歡難以負荷的社交刺激。組樂高積木（或是飛機、船的模型，等他們大點的時候）、讀書、玩拼圖、畫著色本、在房間裡玩玩具等等，你要給予低外向兒童很多選擇，讓他們能夠以單獨一個人的方式表達創造力。其他適合低外向兒童的選擇，包括去圖書館、美術館，或是待在家和孩子一起看電影。此外也有很多體育運動適合低外向孩子，像是高爾夫球、網球、滑冰、划船、攀岩、騎自行車等，都是比較個人化的運動。這些都是讓他們動起來，但又未必需要跟大團體一起協調、合作的好方法。攝影也可以作為低外向兒童一種很好的嗜好，這個活動能讓孩子到戶外體驗世界，即便是在有他人陪伴的情況下，他們仍能感到安全，待在攝影鏡頭後面，比較不易感受到其他人的目光。我的低外向孩子就很喜歡當家族活動的「攝影師」，這使他可以成為團體的一部分，又可以不用一直跟別人講話。其他適合這類孩子的嗜好還包括繪畫、園藝或下廚，這些活動都是他們可以跟你、跟其他人，或是出去到外界可以做的，但又不會使他們疲於應付接連不斷的社交互動需求。你也可以考慮讓孩子多接觸動物，內向人士通常會喜歡動物的陪伴，畢竟動物不像人類那麼愛講話，也沒那麼讓人疲於應付！到地方性動物救援中心當志工，就可以讓低外向兒童參與做好事，但又不需要過多地與人互動。

給予孩子屬於他們的安靜空間。低外向孩子需要能跟自己的思緒獨處的空間。這個地方可以是臥室，如果不可行，那就應該是你們的家，你可以發揮想像力。他們可以擁有自己的小小堡壘，或是你可以利用一個角落，堆滿舒適的枕頭，拿一張被單塞進牆角幫他製造一個空間。重點是能有個地方可以隔開所有人，讓他們覺得那是屬於自己的特別小天地。當外界變得過度喧譁的時候，低外向兒童需要一個遠離外界，撤退到自己的小世界的方法。他們需要獨處的時間，讓自己充電。

幫助孩子認識他們需要安靜的時間。有些低外向孩子自己就能認識到什麼時候需要自己的寧靜時間。當有人來我們家晚餐，或我們約了玩伴來我們家，我三歲大的低外向孩子最後總是會因為一些小事情而開始鬧脾氣。很明顯的，是因為家裡來了太多人，變得太喧鬧，讓她難以承受。像這樣的情況發生時，我這個孩子會看著我們，宣布說她需要上樓「睡一下」。她會回到房間，看個五到十五分鐘的書，然後再出來到外面的時候，便能回復成那個討人喜歡的小女孩。有時候我們發覺她快要到極限了，就會問她：「你要安靜一下下嗎？」她幾乎每次都會像鬆了一口氣一樣回答「要」，然後回到她房裡短暫休息一下。

不過，還有許多低外向孩子需要一點幫忙，才能明白什麼時候承受了過度刺激。你或許需要幫助他們，學習在跟其他人相處過後，要花點時間安靜下來充個電。幫助他們辨識什麼時候感到難以承受，並鼓勵他們找方法自我獨處。舉例來說，如果你在孩子的生日派對上，發覺氣氛可能要變得太過熱烈，可以跟孩子說：「我們要不要到外面去，暫時休息個幾分鐘？」又或是你家裡辦派對，可以提議要孩子到廚房來幫忙你一點小事。幫助你的孩子了解，暫時離開一下人群是可以的，之後再加入就好。這就好像大人去參加雞尾酒派對，也會偶爾離開室內到陽台上休息一下。幫助孩子了解，暫時離開一下人群，能夠讓他們再次重振精神。你可以跟孩子說，「呼，有這麼多人在好忙喔！你去休息個幾分鐘吧。」你也可以等孩子回來後，幫他再次加入大家正在玩的遊戲。「看，漢娜在玩一個好玩的遊戲。漢娜，你可以示範給喬許看嗎？」別忘了，低外向兒童要加入一個團體之前，常常喜歡先觀察，所以如果他們想要考慮幾分鐘再決定，是沒關係的。

中度外向兒童

我先生都說他自己是外向的內向人士。屬於中度外向的成人經常都會這樣描述自己。在外向性維度上落在中間位置的性格，我們稱為「中間型人格」（ambivert）。中度外向型的人，會表現出讓我們聯想到外向（高度外向）的特質，也會表現出讓我們聯想到內向（低度外向）的特質。因為大部分的行為在人口分布上都是呈現一種鐘形曲線，事實上有非常多人都是落在中度外向的區間。

中度外向兒童喜歡跟人相處，嘗試新事物到「某個程度」，但也會喜歡比較靜態的活動，也需要一些可以充電的停機時間。如果你的孩子屬於中度外向，大概會在孩子身上看到同時符合高外向和低外向的特質。因為這類型孩子天生的外向性格傾向並不位於極端，因此建議給高外向和

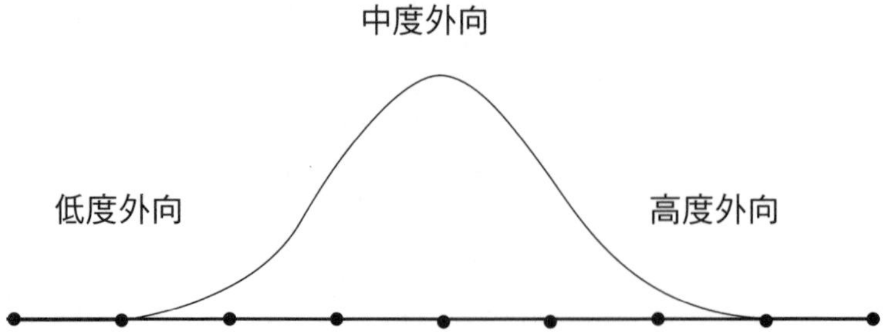

低外向兒童進行的活動，他們可能都會喜歡。關鍵在於你要弄清楚孩子屬於哪一種模式：社交互動性質高的活動要有多少，才比較適合孩子？孩子需要多少停機時間？長期觀察孩子，就能夠大致了解，不過孩子可能不是透過需要你的注意來表現出這些，因為中外向孩子能夠樂於享受高外向和低外向的活動，所以調適性比較高，特別是如果他們的情緒性屬於低度的話。但如果你發現從事某種特定活動時，孩子容易變得焦躁，這或許值得你做個一星期的日誌。寫下你們每天花在不同類型活動上的時間，以及每項活動進行得如何。舉例來說，一則日誌看起來大概是像這樣。

星期六：

- 早上八點到十點：在公園跟其他三個朋友玩（開心、玩得很好）
- 早上十點到中午：兒童博物館（開心、玩得很好）
- 午餐、午睡
- 下午兩點到四點：去看哥哥的棒球賽（行為暴走、不乖）

有可能孩子是覺得棒球賽很無聊，但也有可能孩子是因為整個早上都沒有停機而疲倦不堪。記錄一個星期或更久的日誌，能夠幫助你分辨這其中的不同。如果你開始看到重複的模式出現，在幾段時間比較長的戶外社交活動之後，孩子出現暴走或不乖，不妨試著穿插進比較安靜的活動，讓他們在這些活動間能休息。舉例說明，如果你知道孩子的哥哥姊姊下午班上有比賽，不妨早晨去過公園玩之後，安排在家裡玩靜態的遊戲就好，這樣他們就有時間可以充電休息，下午才有精力進行刺激、動態的活動。如果歸結出來的模式，顯示出孩子只是在棒球賽不乖，好吧，他可能就是討厭棒球賽。

中外向孩子可能需要大人協助來發展高外向或低外向需要的某些技巧。例如，如果你留意到中外向的孩子開始主導晚餐桌上的對話，另一個低外向的手足則一句話都插不進去，那麼你就可以教導中外向孩子學習讓每一個人都有講話的機會。相反的，如果你發現中外向孩子被另一個高外向的手足帶著跑，一直停不下來，那麼你可能需要幫助他們注意什麼時候需要暫停休息一下。花在陪伴孩子的時間越多，你越能夠發現孩子在哪個前面提到的領域上需要幫忙推一把。不過，總的來說，因為中外向孩子並不是處於極端，所以更常表現出「視情況而定」的樣貌，他們能夠享受各式活動，也能夠了解高外向和低外向的同儕的想法有何不同。

建議活動	
高外向兒童	低外向兒童
遊戲小組、在公園跟許多孩子一起、保齡球、跳舞／體操課、兒童音樂會、體育比賽、兒童戲劇、營隊／團體活動、團隊運動、主題遊樂園、動物園	閱讀、玩拼圖、攝影、圖書館、玩樂高、在自己的房間裡玩、著色、看電影、美術館、個人運動、園藝、下廚
注意：低外向兒童和高外向兒童都有可能喜歡從事兩項清單上的活動，但高外向兒童需要多一點社交刺激，低外向兒童需要靜態一點的活動。	

挑戰孩子的外向程度

上面敘述的教養策略，全都能幫助你跟外向性從高至低的孩子建立適配性。這些策略能幫你配合孩子的天生傾向，選擇合適的環境，減少孩子的麻煩行為。或許你心裡會想（或是你的另一半跟你爭論）：「但是這世界並不是這樣運作的！世間並不能順從每個人的需要，我們的孩子需要學到這一點。」這一點並沒有錯，但我所提出的建議，並不是要你讓低外向孩子開心地關在房間裡自己玩耍，永遠不去接觸其他孩童，也不是要你帶著高外向孩子滿城跑，去參加各式各樣眼花撩亂的活動。了解孩子的天性傾向，是要幫助你了解哪些環境比較適合孩子，哪些環境可能使孩子難以駕馭。有些環境是身為父母可以掌控的，所以你就可以運用本書分享的知識，減少孩子脾氣發作或大鬧的時刻，或至少能夠弄懂孩子「起番」的原因。

但是，了解孩子的天生氣質，並不是要你變成完全順從孩子的「孝子」、「孝女」！每一個人都需要置身在舒適圈以外的環境。高外向兒童需要學習偶爾能夠獨處，低外向兒童必須要能夠應付社交場合。我們可以去了解哪些情況有可能是孩子不擅長應付的，這並不表示你必須逃避這些情況。如果能夠做出更好的預判，並做好準備，你會從容許多。

老實說吧，去挑戰孩子的天生傾向可說是……嗯，很有挑戰性。當孩子處在不合天性傾向的環境時，會造成錯置，而錯置就會造成壓力。孩子回應壓力的方式各不相同，這跟情緒性維度落在什麼位置有關。孩子是不是能好好地處理從環境錯置而來的壓力，會影響到你能迫使他們到什麼程度。高情緒兒童就很不擅長處理環境與其外向性不合發生的錯置。我的兩個孩子都屬於外向性低的孩子（還真諷刺啊），但他們的情緒性各有高低。我的兒子是低外向、高情緒。我的繼女則是低外向、低情緒。這兩個孩子天生都傾向喜歡自己玩耍，不然就是跟著父母或少數幾個朋友一起玩。如果把他們跟一大群孩童放在一起，他們會嘴巴閉緊緊，待在邊緣位置，看著其他人。但我兒子的高情緒，使得他在面對不自在的情境時，會生很大的氣。在我們為他舉辦人生最初的幾個生日派對時，他的反應十足地說明了這一點。我是屬於高外向的人，喜歡盛大的聚會，所以在我兒子的兩歲和三歲生日時，我都為他辦了盛大的派對，邀請了好多朋友，大人小孩的朋友都有。連續這兩年的生日派對上，我們只要一唱「生日快樂歌」，我兒子就會抓狂失控，有一年他是爬到桌子底下，隔年則是躲在沙發後面。當我試著哄勸兒子出來的時候，我請來的客人只好尷尬地留在原地唱完歌。對他來說，變成群眾的焦點實在是太過度、太難以承受的事情。最後我終於弄清楚問題出在哪裡，也放棄了想要舉辦大型主題生日派對的雄心壯志，現在我們為他慶祝生日，就只有家人，再加上幾個他的至交好友一起簡單地慶祝。

由於我這個人總是比較慢才學到教訓（又或者這是我太貪心的報應），我把計劃盛大派對的野心寄託在我的繼女身上。我們為她的三歲生日辦了一場大型的農場主題派對，甚至還在我們位在城市的住家後院，弄來一個有模有樣的可愛動物區，供小孩子撫摸。我的繼女雖然是低外向孩子，她的情緒性也是屬於低度的，所以還有辦法面對在後院出現的動物園。她靜靜地看著小孩追逐山羊和綿羊的混亂場面，然後在角落發現一隻讓她撫摸的白兔。當所有人聚集到我們準備的穀倉主題蛋糕旁一起唱生日快樂歌時，她看起來有點不太自在，而且她需要眾人鼓勵才敢吹蠟燭，但至少她沒有大哭著消失到家具底下去。因為她管理自己沮喪情緒的能力比較好，所以我們能夠讓她暴露在比較多「錯置」的情境下，還不至於演變成一場大災難。

那麼，當孩子的天生氣質和環境發生錯置，而孩子容易焦躁不安時，該怎麼辦呢？選擇在你手上：立即中止，或是做好準備。

有時候，或許你會決定實在不值得冒這個險，真的有必要在兒童博物館新開幕就跑去湊熱鬧嗎？又或者等個兩個星期，等人潮沒那麼多了以後再帶孩子去呢？鄰居請專業活動公司幫小孩辦了光鮮亮麗的盛大派對，但孩子可能會當場情緒崩潰，去參加值得嗎？如果你不是那麼在乎那個場合的重要性，又或者你的孩子那天過得並不順，你可能會斷然婉拒參加。這真的沒有關係，世界並不會因為你沒能去參加小伊莎貝拉的四歲生日派對而停止運轉。

但有時候卻是值得的。那是一場對你而言具有重要性的活動，或者你認為不管孩子喜不喜歡，就是應該要參加。如果是這樣的話，那麼關鍵就是：「準備」。不要貿然假設說，當你乍然告訴低外向孩子現在要去參加家族聚會，孩子就可以在一大群見都沒見過的遠房姑姑阿姨和堂表親面前如魚得水，還能貼心地奉承所有長輩。也不要在路上才跟高外向孩子說你們現在要去圖書館，而你有些工作要完成，他們得安靜地乖乖坐上好幾個小時。事先就要跟孩子談好（這個「事先」絕不是你們都已經上車要離開的時候），讓孩子曉得接下來會面對什麼樣的場合。跟他們談談有什麼感受，一起討論出一個應對的計劃。你們的對話可以像這樣：

父母：「艾莉莎，我們星期六有一個家族聚會，你知道家族聚會是什麼嗎？」

低外向兒童：「不知道。」

父母：「家族聚會就是一大群有親戚關係的人聚在一起，就好像我們跟祖父祖母和B阿姨一家聚在一起一樣，只不過會多了很多人。」

低外向兒童（看起來有點疑惑）：「很多我不認識的人？」

父母：「會有很多你沒見過的人，你覺得怎麼樣？」

低外向兒童：「我不想去，我不想去很多人的地方。」

父母：「我知道你不喜歡，而且可能讓你覺得壓力大，但我們不能不去。我們來想想看，如果你開始覺得人太多的話該怎麼辦？你有什麼想法嗎？」

視孩子的年紀和成熟度而定，孩子或許能夠，也或許不能夠制定出一個計劃。跟孩子一起腦力激盪，「如果你開始覺得壓力大，或許可以走到外面去逛一下後院？或者可以到樓上去，跟祖母的貓咪玩一會兒？」讓孩子知道有需要的話，可以離開，休息一下。幫助孩子擬定一項策略。

準備並不只是讓孩子做好準備，也是要你做好準備。當你的儲備能量低落時——或許是前個晚上沒睡好，或是現在的生活有其他壓力源，或單純只是沒精力應付——那麼這真的不是對抗孩子天性特質的好時機。缺席家族聚會恐怕不是個好決定，但要是你或孩子那天的狀況不對勁，你總是可以臨時叫停。事實是就算你做了最周全的計劃和準備，有時候孩子就是沒法面對，特別是屬於高情緒孩子的話（下一章就要談到了）。你這個做爸媽的，需要讓自己深吸一口氣，然後重新振作起來。你需要把整個情況全盤想過一遍，考慮孩子是否無法應付那種場合。你要有個自己的計劃，以免孩子無法克服恐懼。

我得承認這對我來說一直是最困難的部分。每次當我做好一切該做的準備，跟孩子談過、擬好計劃、跟他練習要說哪些話……但等時間到了，他就是做不到，不管是當場崩潰還是堅持拒絕加入。之所以令人這麼洩氣，就是因為無論你做了多少準備，總是有一部分不在你的掌握之中。我曾經花了一大筆錢為孩子報名夏令營，孩子自己說他想去，我們事前也好好談過、做了準備，但等到開車到了場地，他看到參加的其他小孩後，整個人又僵住，然後拒絕下車。無論我是不是做好了計劃，無論是不是預付了一整個星期的幼兒綜合運動課程，無論是不是送他去夏令營之後立刻就有個會要開，無論我和兒子在準備讓一切能順利進行的時候，我們都感覺良好，但到了那個要踏入大門的當下，他就是辦不到。也正是在那個時刻，我身為父母，得回想起給「我自己」做的準備，就算我無比洩氣，很想要對兒子大吼說我們明明已經做好計劃，你一定會沒事的所以趕快給我下車我才能趕快回去工作！我必須回想起我做的準備：深吸一口氣、保持冷靜，跟孩子再好好談過一遍。有時候他能冷靜下來，回心轉意，然後走向營隊大門，但有時候他不能。那麼我們就另一天再試一次。在像那樣的當下，你真是會恨得想要拔光頭髮。但我可以跟你說，等兒子長到十三歲，他會以最快的速度跳出車外，朝著他的朋友所在之處衝過去。所以你要撐住，這是場馬拉松，不是短跑衝刺。不要放棄嘗試，你的努力終有一天會幫助孩子學會管理自己天生氣質的技巧的。

父母的外向程度如何影響教養

孩子出生之前，你大概想像過所有想要跟孩子一起從事的趣事。你想像中的這些活動，無論有沒有意識到，很可能都跟你的外向程度有關。高外向父母一定等不及就想帶孩子去動物園、公園，約朋友的小孩一起出來玩耍（還有幫孩子辦盛大的生日派對）。低外向父母會期盼跟孩子一起讀童書、做美勞，度過安靜的美好時光。我們為孩子想像的世界，其實就是衍生自我們的天生氣質和興趣的產物。如果幸運女神眷顧，你和孩子的外向性完美契合，那就太美妙了！高外向父母帶著高外向孩子，他們能愉快地一起探索各式活動、公園，參加戶外社交活動。低外向父母和低外向孩子，能夠安靜地一起在家玩耍，或是去野外健行。這樣的親子搭配可以說天生就擁有很好的適配性，但父母和孩子的天生氣質也可能截然不同。親子的外向性無法搭配，經常就導致父母遭遇不少憂慮和挑戰。

高外向父母和低外向孩子

外向型父母若是擁有內向型孩子，容易生出很多憂慮煩惱。我的孩子是獨行俠！他一定會交不到朋友！他怎麼老是待在房間裡！他拒絕參加學校的話劇表演！他需要到外面去接觸世界！

我就是個高外向父母，帶著一雙低外向兒女。相信我，我懂！

不過，帶這兩個孩子，因此使我能夠見識到，低外向兒童體驗這個世界的方式，跟我們這種外向人是多麼不同。[16]還有對我們這種人來說同樣難想像的，他們的世間體驗並不是比我們「少」，單純就是不同。低外向人士不需要讓自己處於各種人事物組合而成的旋風中，他們喜歡建立量少質精的人際關係。通常，他們的父母——也就是我們，也在他們的小圈圈中。當低外向兒童感到自在舒適的時候，也能夠非常健談和爽朗。但當他們處在大批人群中時，就會把自己關起來。這對高外向父母來說實在難以理解，或該說十分洩氣，為什麼孩子跟我在一起的時候那麼開心、逗人愛，但有外人在的時候卻變得都不開口？我們都希望朋友、親戚看到的是我們認識的那個小開心果。我們可能會逼迫孩子要「打開開關」，以順應外向人主宰的世界或生存方式。我知道，因為我也做過這樣的事。

但，從我的內向孩子身上，從跟其他自認為內向的人談話中，以及對內向性格的研究上，我學到這些：有時候孩子就是想要自己獨處，那並不表示他們永遠交不到朋友，也不表示他們注定永遠只能住在父母家的地下室。他們只是需要一個可以安靜下來的地方，讓他們整理自己、養精蓄銳。有時候他們會想要離你遠遠的，那不表示孩子不需要你或不愛你，也不是永遠就不想要你的陪伴，但我們這些高外向父母很可能會被低外向孩子搞得精疲力竭，有時候他們只是想要坐在我們附近，安靜地玩耍而已。就像是如果你交了一個黏人的男友或女友，你會發覺：如果對方比較少在你身邊的話，你會比較喜歡他們！低外向孩子面對高外向父母，就是這種感覺。

---

16 如果有高外向父母想要了解低外向人士是如何體驗世界，我覺得以下這本書寫得很深入，很有啟迪性：*The Introvert Advantage: How Quiet People Can Thrive in an Extrovert World*, by Marti Olsen Laney, Psy.D., Workman Publishing Company (2002)（《內向優勢：內向人如何在外向世界裡成功》，尚無中文版）。

擁有低外向兒女的高外向父母，需要領悟的是：孩子的大腦線路跟我們不一樣。會讓孩子感到樂趣的體驗跟我們的不同，我們喜歡的事情很多都會讓這類型孩子感到壓力。要不要喜愛和欣賞孩子獨特的特質，或要不要強逼孩子接受父母的方式，在於我們。後者只會絞扭親子間的關係，父母的職責應該是欣賞並擁抱孩子的特質才對。

低外向父母和高外向孩子

要是擁有低外向兒女的高外向父母容易憂慮，擁有高外向兒女的低外向父母就容易產生罪惡感。這樣的父母會覺得他們無法跟上孩子的節奏，覺得應該給予孩子更多。像這樣的父母，或許會高興看到高外向孩子體驗世界所表現出的熱情，但那同時也會使你感到疲累不已！光是了解高外向孩子喜歡的活動，以及要如何為他們提供社交刺激，大概就已經足夠讓你昏頭了。

別難過！你們還是可以找到適合親子的活動，只是需要多一點試錯的空間。外向性格的孩子想要多一點社交刺激，而內向性格的父母可能偏好靜態一點的活動。你想像中跟孩子一起共度的活動，像是一起讀童書、玩拼圖、玩釣魚趣的桌遊，對外向孩子可能都不夠具有刺激性。並不是說他們完全就不會想要從事這些活動（但如果孩子的情緒性也低的話，要帶他們做這些事可能比較困難，這一點第 6 章會談到），但如果發現孩子感到無聊或受挫，你就曉得需要參雜多一點高外向孩子渴望的社交活動。

這並不是說你突然間就得加入鄰里間的遊戲小組，或是星期六早上你得站在遊戲場邊，跟其他父母聊天（想到這就令人畏縮吧）。不妨試試看帶高外向孩子去參加可以接觸到其他小孩的活動，讓他們獲得社交互動，但前提是那樣的活動不至於使你難以承受。信不信由你，還是有些活動能夠符合這兩項條件。例如，或許你會在地方圖書館找到朗讀童書的活動。高外向孩子可以接觸到其他兒童，但你就不需要被迫跟某個你不認識（或也不想認識）的父母閒聊。我有個朋友生了高外向孩子，但她本人屬於低外向性格；她在當地的自然中心找到一個每週舉行的教育性活動，是由一名成人教小朋友認識動物，她會帶孩子去參加，然後自己坐在教室後方靜靜地看書。如果要約遊戲玩伴，試著約跟你較熟的朋友和他們的孩子，這樣你就不至於難以忍受，孩子也能夠發展他們的社交技巧。找找看有沒有運動類型的活動，或者像童子軍之類的團體活動，可以把孩子放下，自己可以離開。讓孩子得到社交互動，讓你自己獲得迫切需要的寧靜時間。找看看有沒有課後活動，讓他們跟其他小孩相處，而你還是可以獨處。重點是：不要因此而感到內疚！如果你經常要逼自己為了孩子玩得開心而「打開開關」，時間久了對你會有傷害。好的教養並不是一切都為了孩子，而是清楚認識什麼對你和孩子是最好的。當父母和孩子雙方都能適得其所，每個人都會更開心。開心的父母才能當更好的父母，所以，孩子放學後的時間，儘管一人獨處吧！

身為低外向父母大概不會想到的另一件事，就是高外向孩子需要回饋和認可。高外向孩子習慣用「聽」的，無論是他們自己的聲音或你的聲音。若父母沒有給予回饋，他們可能會解讀為你對孩子並沒有引以為傲或你不認可孩子。這就比較需要你來努力，請試著給予孩子正面的回饋。「哇，拼圖拼得好棒！」、「你今天在公園裡交到好多新朋友！」、「你在那棵樹上爬得好高！」高外向兒童會常想要從比較不多話的父母口中聽到回饋。

最後，要跟孩子談談你們彼此各異的天生氣質。為孩子解釋你需要獨處的寧靜時間來充電，父母需要自己的空間，也應該對孩子誠實以告。每個人的大腦構造不同，有些人需要多一點安靜的時間來重新振奮精神，而你就是這種人，幫助孩子了解這些是對他們好。越早在孩子跟你自己的需要之間找到平衡越好，不然，時間一久，你可能會開始厭惡你的高外向孩子，感覺他們向你索要的東西越來越多：更多談話、更多活動、更多時間。

性格錯置的手足

如果你有超過一個以上的孩子，很可能他們的外向程度會不同，這對父母來說造成額外的挑戰，高外向孩子需要社交性活動，低外向孩子需要靜態活動，父母需要在這兩者間找到平衡。但除此之外還有其他挑戰，那就是高外向孩子可能占去更多你的時間和注意力，使得低外向孩子感到疏忽、不受重視。

家中不同孩子之間的比重如何調適，關鍵是要談開來。就好像前面提到父母要跟孩子解釋天生氣質的差異，手足之間的差異也是一個很好的機會，來教導孩子每個人的外向性都有所分別。你要將孩子的優點一項一項說給他們聽，這樣他們就能了解不同點在哪裡，也都能夠感到父母欣賞和重視他們。可以跟孩子共同建立一套做法，讓孩子知道你會如何應對他獨特的需求。一家人一起腦力激盪，擬定一套計劃。舉例來說，如果高外向孩子想要去人很多的博物館，低外向孩子反對，你可以說：「不然我們早上去博物館，讓納森決定我們下午要做什麼好嗎？」如果博物館變得過於喧鬧，你要幫助低外向孩子有辦法暫離現場，例如找張凳子一起讀本童書。如果你發現高外向孩子開始主導晚餐桌上的對話，你不妨點出來，然後詢問低外向孩子有什麼意見。鼓勵高外向孩子讓另一個低外向孩子有機會說話。這能夠教他們尊重和珍視各人的不同，長遠下來這會對他們有好處。短期來說，這會給你造成挑戰，也需要你花費額外的力氣，但要是孩子擁有外向性程度不一的兄弟姊妹，不啻是個很好的方式，教導孩子同理和退讓的重要。

綜合應用

我們的孩子與生俱來的外向性到什麼程度，會對他們在這世上的體驗和隨之產生的互動產生很大的影響。父母如何回應他們的外向性，會給孩子在該種體驗設下限制的框架。我們能夠給予孩子的一項最好的禮物，就是幫助他們認識並欣賞自己獨一無二的優點。高外向孩子是否因為有充沛精力和大量熱情而感到被愛，還是會因為他們磨人的精力而感到被厭惡？低外向孩子是否因為他們安靜、具有創造力、思考力的性格而感到受肯定，還是說別人的反應使他們感到應該要更放得開？身為父母，我們在孩子如何看待自己的個性上，扮演重要的角色。無論是高外向性還是低外向性的孩子，都能為這個世間成為有用的人，我們做父母的有能力幫助孩子發掘這些。

「外向人士是煙花，內向人士則是壁爐裡的火焰。」

——心理學家蘇菲亞．鄧比林（Sophia Dembling）

重點整理

- 孩子在還很幼小的時候就會表現出天生是否喜歡人群，以及是喜歡熱鬧還是安靜的活動。許多教養上的壓力之所以發生，是因為我們為孩子創造的環境與孩子的天生氣質發生錯置而導致。

- 高外向兒童喜歡認識人，去沒去過的地方，嘗試新事物。他們是「人來瘋」——只要有人在旁邊就精神百倍，他們很快就能跟外人交上朋友，但這類型孩子同時也容易使人精疲力竭，特別是當父母的外向程度不像孩子那般高時。
- 低外向兒童喜歡靜態活動，喜歡獨處或跟少數人作伴。強度太高的社交刺激會使他們難以承受。
- 高外向和低外向的兒童對父母有不同的需要。
- 高外向兒童會得益於以下事物：(1) 回饋；(2) 大量社交刺激；(3) 學習放慢腳步；(4) 學習反省和同理。
- 低外向兒童需要的是：(1) 額外的幫助，使其感到被愛和被接受；(2) 適合他們安靜性格的活動；(3) 屬於自己的安靜空間；(4) 幫助他們認清何時需要暫停、休息。
- 中外向兒童表現出典型高外向和典型低外向的特徵，他們樂於參與高度、低度外向孩子適合的活動。
- 了解有哪些情境可能對孩子的天生氣質造成挑戰，有助於讓父母先預判和幫孩子做好準備。

- 當孩子的外向程度跟父母有別，可能導致壓力和憂慮。認清這些不同，能幫助父母做好調適，要是家裡手足的外向性不同，也會造成額外的挑戰。
- 你可以幫助孩子了解，從他們特別的天生氣質隨之而來的有哪些優點，並針對可能為他們帶來難題的部分，教導孩子應對的技巧和策略。

第5章

第2種天賦密碼：情緒性「EM」因子

我兒子還沒上小學之前，我每個星期六早晨都會制定外出計劃，不管是公園、動物園、兒童博物館，總之就是想像中我們倆能共同度過親子時光的地方。雖說如此，這些目的地有一半是我們連大門都踏不出去就得宣告放棄。前一分鐘他還在穿鞋子，但是下一分鐘他就會把鞋子亂丟，然後咚咚咚跺著腳奔回房間，把門甩上。這·到·底·是·怎·麼·回·事？

如同第3章談過的，高情緒孩子天生就比較容易苦惱、沮喪和害怕。我兒子絕對是個高情緒孩子無誤。如果你也有個高情緒孩子，應該也很熟悉這樣的景象：莫名其妙就大鬧脾氣、突然間整個失控……到底是怕了什麼來著啊？根本都是些最微不足道的事情。前一分鐘你們還快樂地畫圖著色，結果下一分鐘孩子就把畫紙撕個粉碎，頭也不回地衝出房間。

如果你也是高情緒的人，大概很能理解這種行為是打哪來的，畢竟你還記得幼時的感受。你能夠猜到，藍色蠟筆的藍大概不是如孩子所想像的藍天顏色，所以整張畫就這樣「毀了」！但如果你屬於低情緒的人，孩子的行為大概就會讓你困惑不已，可能還會有點害怕。

如果你的孩子屬於低情緒，你大概會在別人描述孩子大崩潰、大吵大鬧等事件時，心裡疑惑這些小孩到底是怎麼回事……還是……他們的父母是怎麼回事？人們對主宰情緒性格的遺傳學不了解，以至於很多人都苛責錯對象了。高情緒孩子會被說成是不服管教、愛操縱大人、爭取注意力、頑皮，或是被寵壞了。高情緒兒童的父母會因為孩子在外面的情緒爆發被人指指點點。他們會被人說是過度縱容孩子，不懂管教。外人可能不假思索就批評這種父母失職，要不是直接說出來，不然就是跟其他人竊竊私語：「他們實在該好好教小孩聽話！」

為什麼我們一下子就會因為孩子的行為而責怪父母呢？我的姊妹淘並不會因為我先生做了什麼荒謬的事而怪罪我，反之，她們會向我投來「我懂」的同情眼神。但人們對於他人的孩子的表現，就沒那麼寬容了。我想那是因為對於低情緒的孩子來說，一般性的教養策略——轉移注意力、設立界線、保持賞罰一致——已經能夠相當有效地形塑孩子的行為和減少孩子未來的偏差行為（這是指實施得當的話，我們等一下還會談到）。這就是為什麼低情緒兒童的父母會用疑惑的眼神打量高情緒兒童的父母，想說這些父母必定有哪些地方做得不對。獎勵好行為、壞行為會被處以不好的後果，這樣孩子就能學會規矩。在室內亂丟鞋子要處以隔離，孩子就能學會不亂丟鞋子。這是正常教養理論的主流和常識。按照前面講的邏輯，如果有個孩子一直行為不端，那麼想必是他的父母做錯了什麼事。只要父母實施適當的處罰，孩子就一定能學會規矩。道理很簡單，是吧？

先等等，別那麼快就下結論。按照定義，高情緒孩子無法處理痛苦情緒。所以，如果按照正常的教養方式，當孩子不乖的時候實施該有的後果，這樣只會升高這類型孩子的痛苦。事實上剛好跟一般人所想的相反，高情緒兒童嘗到的處罰和後果比其他類型兒童多，不是比較少。如果有某個父母在公開場合放任孩子的不當行為，有可能是因為那位父母已經學到教訓，實施後果[17]只會讓該種行為加劇，而且其實他們是在努力不讓旁人目睹更難看的情景。很遺憾地，這樣也會加深人們認為孩子的不當行為是肇因於父母縱容，未能處罰孩子。

這所有責備和誤解，真正的根源來自每個孩子的性格在情緒性的傾向有極大不同，此外，更重要的是，高情緒兒童和低情緒兒童需要不同的教養策略。

孩子會不會把情緒發洩出來跟情緒性有極為密切的關聯，在這一章當中，我們會先廣泛談論有哪些有效的策略可以用來形塑孩子的行為，也就是說，我們要抑制鬧脾氣並促進好行為。我們會討論哪些策略最適合情緒性等級不同的孩子，我還會提供一些建議，幫助爸媽為高情緒兒童調整你們的家庭生活。

17 譯注：後果（consequence）是指孩子做了不好的事會面臨的後果，跟處罰很類似。本書原文中的「處罰」（punishment），意思比較相近於會造成皮肉痛苦的體罰，換言之「後果」有點類似不屬於體罰的處罰，兩者有所分別。

處罰帶來的風險

我們一般會認為有些基本的教養原則對所有兒童都適用。對付孩子不聽話的這類口袋祕笈，一般來說都是：處罰壞行為。不妨花點時間想想，這條如此深刻烙印在我們心裡的原則，背後的意思其實就是：孩子必須學會尊敬權威，孩子必須了解誰才能作主，知道誰才是老大。孩子必須學會行為會招致哪些後果（一般而言，身為父母的我們，將之解讀為必須由我們實施處罰作為後果）。孩子不打，不能成器。[18]我們認為父母的職責包括教導孩子世間運作的規則：當你做了壞事，就會有壞事。

我們許多人都是接受這樣的教育長大的，許多父母自然而然地也都是這樣想，孩子舉止不當，父母就要管教。這個觀念幾乎就像直覺一樣，我們甚至從未想到問問看這種想法到底從何而來。說起來你可能會感到驚訝，這種普遍的教養實務，最早可以追溯自美國規定男人必須為他們的妻子、孩子和家畜擔起法律責任的時代。如果婦女或孩子惹出麻煩，丈夫或父親必須負起法律責任。自此，男人就得以恣意而行，務要讓家裡的女人和孩子守規矩。很不幸地，這種廣為人所接受的看法導致許多婦女和兒童受虐。美國社會如何看待男女之間的關係以及女性應受的待遇，已經隨著時間大幅改進。丈夫痛打妻子讓她們「守規矩」，這種曾一度廣為流傳的陋習已經不再為人所接受。雖然現在對於體罰孩子的看法也已經與以往大不同，但一般認為壞行為應該受到處罰的看法還是主流。正如某位友人有次跟我說的，「沒有什麼比老式的管教法更能讓孩子聽話了。」

這裡我要請你暫時放開心胸，試著想像一種截然不同的管教方式。美國人過去傾向採用嚴厲的管教方式已經深深烙印在我們心裡，以至於較為軟性的管教方式可能使人感到陌生，或甚至有人會覺得太肉麻。不過呢，讓我們暫且放下成見，轉而以科學精神探討什麼樣的方式才能有效形塑孩子的行為。我們多數人想要看到的是聽話乖巧的孩子，或者現實一點來說，至少是比較乖巧的孩子。

以下讓我來告訴大家哪些研究顯示懲罰手段並沒有用。沒錯，懲罰是可以讓人停止當下的行為。但剛好跟大部分父母所想的相反，懲罰並不會改變該項行為日後再次出現

---

18 譯注：這句英文諺語的原始出自為《聖經》的箴言第十三章第二十四節：「不忍用杖打兒子的，是恨惡他」。

的可能。那是因為懲罰並不能教會孩子父母想要他們做什麼，反之，懲罰讓孩子學到的是父母不想看到他們出現哪些行為。當父母怒罵的時候，孩子學到當他們對某件事生氣時，要怒罵。挨棍子的，學會用棍子。兒童從懲罰中學到的是，如果你想要遂行己意，如果想要將你的意願強加於人，如果你不喜歡某人做的事，就要怒罵、打人，或是懲罰對方。這應該不是你想要傳達給孩子的教訓。

此外，諷刺的是，透過懲罰，事實上是強調了那些不希望孩子繼續出現的行為。父母的關切對孩子來說是一種獎勵形式。因此，當我們在抱怨、嘮叨孩子的壞行為時，其實是在獎勵那些我們不喜歡的行為。而往往孩子做了分內該做的事，我們卻什麼也沒說。當一天平靜無事地過去，我們欣然享受寧靜的至福時光，但這也表示我們實際上忽視了希望看到的好行為。孩子很快就學會，如果想要得到爹地媽咪的關切，最好是捉弄弟弟妹妹，比畫圖畫得好還有用。規矩地吃完晚餐不能抓住爸媽的注意力，但是在他們眼前打翻牛奶肯定惹來爸媽的反應。我們往往不去肯定好行為，但是一定會被壞行為激怒。

父母經常會問：難道懲罰不是要讓孩子學會對和錯嗎？先劇透一下，你的孩子早已經懂得對錯了。孩子沒去刷牙，正是因為他們曉得應該刷牙。孩子打弟妹，正是因為他們曉得不應該打弟妹。我敢說你一定跟孩子講過幾百遍要刷牙，不要打弟妹。低情緒和高情緒兒童在沒有犯下任何調皮事的時候，都能很好地說明他們什麼應該做、什麼不應該做。他們能夠說出哪些行為可以，哪些不行，哪些行為是錯誤的，他們還能說出如果做了會有什麼後果。然而，這仍舊不會阻止他們不會再犯。

懲罰之所以沒效，有部分原因是：知道某件事是錯的並不會自動讓這項行為停止再次出現。我知道一次嗑光一整桶冰淇淋並不是個好主意，但光是這樣並不會阻止我不這樣做。我知道應該多運動，但知道這一點並不會激勵我在清晨六點鐘的時候跳下床，拿出我的慢跑鞋。

懲罰的最後一個問題是，孩子很快就會適應。意思是說，你為了要讓懲罰發揮停止偏差行為的效用，必須不斷加重力道。任何人要是曾經因為幼兒胡鬧而發過脾氣都會曉得，第一次你把聲量提高，就能夠震懾住孩子，但幾次以後這個威力就會遞減了。這表示你必須將懲罰「升級」才能得到想要的回應，你得更大聲罵人、說教說得更久，或者像以前的父母還習慣打屁股的年代，你得打得更用力。顯然，這樣會開啟一項對每個人都不好的循環。這沒法當下停止的行為，需要你一次又一次拿出更加嚴厲的懲罰（問題是要到哪裡才是盡頭？）。懲罰不會減少行為日後再次出現的頻率，發脾氣也不會讓你比較好過，而且這有可能傷害你和孩子的關係。既然如此，為什麼懲罰會是父母最現成的管教法呢？其實那只是一種非常無效的歷史餘毒。我們的教養策略很久以前就已經不再與時俱進了。

處罰壞行為的替代方法是讚揚好行為。事實上建立好行為遠比擺脫壞行為容易多了，而且要是孩子有越多時間表現良好，就會有越少時間可以做壞事。就像魔術一樣神奇！這種策略叫做「正向教養」，你可能在某個親子部落格或教養書籍中看過。有大量研究顯示這有益於孩子，以下就要來談談這種得到科學支持的有效策略。但還是要注意一點，對於低情緒和高情緒兒童，能夠奏效的策略會有些許不同。如果你有個高情緒孩子，可能會發現標配的工具箱不夠用。不過別擔心，我們有一大段篇幅為你講解這類孩子需要的策略。

就跟訓練小狗一樣，建立好行為要從獎勵好行為開始。父母最強大的工具並不是處罰，而是獎勵。獎勵好行為會鞏固你想要看到的好行為，獎勵會吸引孩子把注意力放到好行為上，忽略壞行為。當個會獎勵孩子的爸媽也比較有趣，不過，要讓獎勵奏效，你必須先做對才行。

獎勵要做對

所有獎勵都並非是平等的，我這樣說的意思，並非一支 iPhone 手機是比一支冰棒更好的獎勵。你給予獎勵的方式會對孩子產生重大影響，無論那是否會改變孩子的行為。有些來我們診所的父母會說他們試過獎勵了，但卻無效，這類的例子並不罕見。獎勵只有在正確實施時，才能有效形塑孩子的行為。要如何實施獎勵才能真正改變孩子的行為，以下是一些基本原則。

關注好行為。要有效提高好行為的首要條件是關注好行為。這或許聽起來有點傻，但你不妨想想看，孩子自動自發做好該做的事的時候，我們是不是常常什麼也沒說。我們要孩子刷牙，去洗澡，換上睡衣，上床睡覺。當他們都一一照辦的時候，我們有非常大的比率是什麼都沒說，僅僅是期望孩子做好他們該做的，然後一天就這樣過完了。只有他們把整個浴缸的洗澡水都潑濺到地板上時，爸媽才會有反應。孩子應該要換上睡衣了卻還在玩玩具，這種時候爸媽就會開始碎念。當孩子在新買的沙發上跳，或是把廚房地板踩得都是泥巴，爸媽鐵定追著孩子大呼小叫。

那麼該如何改變這種循環？不要孩子不乖時才追著孩子跑，要把焦點放在肯定正向行為上。要實施適當的獎勵（也就是要孩子日後還能繼續保持好行為），關鍵在於：(1)態度要熱切；(2)要具體；(3)要立即；(4)要貫徹。

開始注意並熱切讚美好行為。讚美不要只是「順便」、「隨口」，你要召喚內心裡的啦啦隊，對孩子自己換好內褲的行為大力地熱切讚美，要像你沒有小孩前絕不會想像到的那樣。「好棒啊，你自己穿好內褲了吔！」把好行為具體說出來，不要只是一般性的讚美。換句話說，別只是說：「做得好！」、「你好乖！」之類的，要說：「刷牙刷得真好！」、「你會穿睡衣了，好厲害唷！」、「哇你今天穿衣服速度好快！」、「老公你看，寶寶會用湯匙吃穀片了喔！」

你要在好行為發生的當下立刻獎勵，每一次發生的時候都要。如果你的孩子自己穿衣的速度慢吞吞的，那麼你要在他穿好衣服後「立刻」稱讚他做得好，不要拖到當天稍晚你在辨別的事時想到才讚美一下。還有就是每天早上都要這樣做，直到好行為固定下來為止。「耶！你今天又自己換內褲了欸！」

口頭獎勵是不是很容易就能脫口而出，可能跟你自己的成長背景和個性有關。我是在一個充滿正面讚許的家庭裡長大，而我現在是個心理學家，因此我們家也縈繞著許多正向回饋。有件事常讓我丈夫發笑，因為即使我現在都已經是成人了，見到爸媽時，我都還常常自己說出「我今天付了帳單」之類小到不能再小的成就，而我爸媽就會回以讚美：「你把帳單都付了，真是太好了，是不是感覺很棒！」他覺得這很好笑，但好話真的會讓心情很好，若是能得到正向回饋，就連付帳單這種事似乎都變得比較愉悅了。

如果你覺得這些實在傻氣，試著這樣想：你就像你孩子的老闆（即便他們總說你不是），而人會想要替什麼樣的老闆工作？應該是那種會留意到你在做分內該做的事，會指出你的成就並為你高興的老闆吧。絕不會有人想要替一個每次只要出了錯就大聲指責，但做對事卻從不吭聲的老闆吧。人們喜歡的老闆是態度溫暖、寬容，能給予支持，了解人有時會犯錯，容許你從錯誤中學習，並且不會往心裡去。研究顯示，為具有這類特質的老闆工作，會比較開心和有效率。這對孩子來說也是同樣的道理。

一步一步慢慢來。這些都很好，或許你會這樣想，但問題是我的孩子就是不會自己穿衣服，所以我也沒什麼可獎勵的。這裡的重點是要從小地方開始。只要大方向正確，這期間的每一個小步驟都可以獎勵，然後逐漸累積擴大。如果孩子現在還拒絕早上自己穿衣服，你可以從獎勵孩子自己挑選衣服開始。孩子僅僅是自己拿出內褲，也可以獎勵。如果孩子的問題是穿好衣服要花很多時間，你可以跟他玩「打敗時鐘」的遊戲。一開始要盡量大方，如果通常要花三十分鐘，那你就給孩子二十分鐘。然後再縮小到十五分鐘，接著十分鐘。一步一步來。一旦孩子開始了解，只要做了爸媽要求的事就會得到獎勵，孩子就會願意做更多。重點是將之打散成一個個容易達成的較小步驟。

獎勵每一項個別的行為也很重要，不要把好幾項不同行為合併起來換得一份獎勵。舉例來說，不要獎勵「晚上表現得很好」這種事。要把晚上的表現打散成好幾個部分（刷牙、換上睡衣、上床睡覺），然後獎勵各種表現中的個別行為。

聚焦在重要的事物上。父母不需要獎勵孩子的每一項行為。要把重點放在會在家裡造成難題的行為，這要視孩子的情況而定，這類行為可能會有點多。現實狀況通常是沒辦法一次就改進所有問題。挑些你想要透過有意識的獎勵系統來改變的幾個項目（我建議一次不要超過三個），想想看前面講過的，你想要替哪一種老闆工作：如果老闆列出了二十個項目是立即就要有所改進的，你大概會昏頭，然後一項也達不到。如果老闆的要求只是兩到三項，你就可以努力改進、達成、感覺滿足，等到這些事項已經成了例行公事，你會得到鼓勵，並準備好進行接下來的項目。對孩子來說也是一樣，你一次只能關注少數幾種行為，不然的話每一項都做不好。我還看過非常繁複精巧的貼紙獎勵卡，但它們實在太複雜了，我覺得可能需要有博士學位才看得懂。

那麼，如果一次只能關注幾種行為，其他壞行為發生的時候該怎麼辦才好？你得忽視它，這可能是父母最難為的地方了。忽視壞行為？我知道這聽起來很反直覺，但這會奏效。還記得父母的關注也是一種獎勵形式嗎？所以不要在其他方面助長好行為的同時，不小心獎勵了壞行為。將最重要的行為項目排優先，忽略其他的（至少是目前）。所以，如果目前的重點項目是訓練孩子晚間的例行公事，但孩子仍舊從穀片碗邊緣啜吸牛奶的話，就先忽略吧。忽略的意思是不要有口頭、身體或眼神的接觸。如果你忍不住，那就離開房間。

然而像是打人、亂丟東西，或不聽你的指示等，這些顯然是不能忽略的事情。但有很多孩子做的煩人事確實是可以忽略的，包括哭哭啼啼、鬧脾氣、嘟嘴巴、愛現、纏著你爭取注意等。重點是一旦你開始忽略以後，就得繼續忽略下去。該種行為有可能變本加厲，因為孩子會更努力嘗試要爭取你的注意，然而當你讓步的話，就是獎勵孩子讓他的壞行為加劇。所以，你要保持立場堅定！這項策略要長時間才能看到成效，久了以後壞行為就會減少了，我保證。而當孩子停止哭鬧的時候呢？要立刻獎勵這項好行為！「謝謝你在媽咪講電話時乖乖坐著等！」就算孩子前面已經哭哭啼啼了十五分鐘，會安靜下來是因為他哭累了，別在意，別說出來。只要孩子能安安靜靜地坐著，就立刻讚美這項行為，假裝其他什麼都沒發生過。這項技巧是需要培養的。

運用獎勵來停止壞行為。如果你想要孩子停止做某件事，要如何運用獎勵呢？早上起床拖拖拉拉的，挑兄弟姊妹的毛病，把髒衣服丟一地，孩子有一大堆令人氣悶的行為是父母不想要再看到的。要對付這些，也可以運用獎勵的方式。耶魯大學的兒童心理學家艾倫．凱茲丁（Alan Kazdin）博士曾經做過大量的家庭研究，他將之稱為「關注負負得正的正面行為」（focusing on the positive opposite）。換句話說，與其引起孩子去注意你希望孩子停止的壞行為，你要將注意力放在你希望孩子做的好行為上，也就是要負負得正，由此引導出好行為。與其設法停止孩子拖拖拉拉或吵架的情況，你要做的是，在孩子自發地做到分內該做的事情時給予獎勵，像是早上起床不用三催四請就能自動拿出要穿的衣服，晚餐桌上要傳個菜不會老是手足要先拌個嘴，臥室的地板上不會還躺著昨天穿過的襪子。當這些情況出現時，就是值得獎勵孩子行為的時候，時間一久，你就會看到正面行為取代惹人厭的行為。

運用恰當的獎勵

到目前為止，主要都是討論口頭獎勵，也就是要讚美孩子。千萬別低估了口頭獎勵的威力。由爸媽口中說出熱情洋溢的暖心讚美，再加上甜蜜的擁抱，對孩子來說可是威力強大的獎勵。記住，要發動你內心裡的啦啦隊！

但是，對於挑戰性更高或孩子更頑固的行為，你可能需要一種醒目的獎勵系統。這時候，就需要獎勵卡登場了，需要獎勵的時候立即貼上一張貼紙（或是打一個勾勾），讓孩子去累積一個更大或是之後才會得到的獎勵。任何孩子喜歡的事物都可以用來當作獎勵，像是去一趟孩子最喜歡的公園，一起玩一項孩子最喜歡的遊戲，得到一份特別的點心等。不妨跟孩子一起制定一個「獎勵銀行」，裡面存的是孩子期盼努力得到的獎勵。若孩子自己參與了這個過程，可能會對這個獎勵系統感到更興奮。你甚至可以舉辦一個「試營運」，讓孩子建立出現好行為就會得到獎勵的連結。舉例來說，如果你想要訓練的行為是刷牙，你對此制定的獎勵是一張貼紙，每當集滿三張貼紙就可以換得一份小禮物，那麼你可以告訴孩子，「我們先來練習一遍！現在假裝你們都在刷牙，然後我們要貼一張貼紙到獎勵卡上！」假設孩子都照辦了（即便動作做得很不到位），你還是立刻貼上一張貼紙，然後說：「看，你已經得到一張貼紙了，你只要再得到兩張就可以得到小禮物嘍！」

如果孩子拒絕參加試營運，你只需要冷靜地說：「好，等你準備好之後再試一次。」不要說教，不要嘮叨。根據我的自身經驗，過了一段夠長的時間，足以讓我兒子覺得那是「他的點子」（而不是我的）之後，十次有九次他會自己宣布：「好，我現在要去刷牙了。」當你的孩子終於願意順從並完成該項任務，你要回應以充分的讚美（即便你已經感到挫敗不已）。千萬別跟孩子說若他們配合，他們早就可以拿到貼紙了，也不要用酸溜溜的口吻說你很高興他們終於願意過來了。不妨想像一下，當你宣布要振作起來去洗衣服，而你的另一半卻說：「哈，你是說你上星期就說要去洗的衣服嗎？」這應該不會鼓舞你更快走向洗衣間，而是感覺心情更糟，不想完成洗衣的任務吧。記著，我們想要培養的只有跟好行為有關的正面聯想。「太棒了，你自己刷好牙了！」延續前面的洗衣範例，這就好比另一半對你說「親愛的，謝謝你願意去洗衣服」，然後克制不去發表長篇大論。

如果你使用獎勵卡，記得每一次貼上貼紙的時候都要搭配讚美，要簡單明瞭，還有獎勵一定要慷慨大方且快速。孩子如果要集滿十張貼紙才能獲得獎勵，可能會在還沒得到獎勵前就感到沒趣了。別忘了你是想要建立有好行為就會得到獎勵的連結。如果孩子對於贏得獎勵的時間長度或難度感到灰心，那麼這項做法的焦點就模糊了，沒必要吝於發放獎勵。

也曾經有父母問我，如果獎勵卡本身更「好玩」的話（獎勵卡上面有孩子喜歡的超級英雄圖案，或是彩繪得非常漂亮），會不會讓孩子更期待獎勵卡？如果你想要製作精美、亮麗的明星獎勵卡，非常歡迎。當然，跟孩子一起製作獎勵卡還可以是一個培養親子關係的有趣活動。不過，並沒有佐證顯示，《冰雪奇緣》的獎勵卡會比用一張白紙畫幾條線的獎勵卡，更容易讓孩子聽話。要是你沒有美術天分的話，那就不用為難自己了。只要你重點都做到（熱切、立即、貫徹地給予獎勵，要具體，採取逐步推進的小步驟），才是最重要的。

逐步退場

你可能會疑惑，該不會永遠都要一直製作貼紙獎勵卡吧？別擔心，一旦大腦把某個行為和獎勵建立連結，就可以讓獎勵逐步退場，而行為仍會持續。或許小時候你也曾經是這樣，每次自己用馬桶，爸媽就會給你一顆星星，但我想你現在應該不會期待上廁所還會得到一顆 M&M's 巧克力了吧。我敢保證，等孩子上了高中，你真的不需要再為了他們刷牙給星星了（除非你生的是個男孩子，我實在無法了解男孩子為什麼無法養成良好的個人衛生習慣）。

下一個問題，你可能想知道要建立行為連結，然後逐步移除獎勵不知道要花多久時間？這要視孩子的情況而定。對大部分的兒童來說，要花數星期到兩三個月。只要孩子能定期做到該項行為，感覺已經成了例行公事的常態，那麼你差不多就可以準備向下一項行為訓練邁進了，不過口頭讚美還是可以繼續使用。如果你已經進入到下一項行為，孩子前一項行為卻出現倒退，那麼你就知道太快叫停了，前項行為還不夠根深蒂固。只要再重複一次整個獎勵系統，把時間再拉長一點就可以了。

為什麼我要獎勵孩子早就應該會做的事？及其他常見問題

我從爸媽處最常聽到的抱怨就是：為什麼我要獎勵孩子早就應該會做的事？事實是有很多事是我們早就應該做的：我應該更常去健身房，應該吃得更健康，應該疊好被子。是的，孩子應該在你要求的時候把房間收拾好，但問題是，他們做這些事的動力，跟你許下新年新希望說早上六點就要起床參加體態雕塑課程的動力，應該差不了多少。假使你繼續對孩子該做哪些事碎碎念，你應該也會繼續對他們的不動如山感到挫折不已。不如就倚靠科學來幫助你推動孩子的行為吧。

父母擔憂的另一個問題是，要孩子去做該做的事還要用賄賂的，這樣對嗎？先澄清一點，獎勵並不是賄賂，賄賂是用於驅使某人去做他不應該做的事。我們想要的是讓孩子增加該做的事的頻率。我們都會為了獎勵而努力，去工作就是因為可以賺到錢，上體態雕塑課是因為上完後會覺得自己健康了一點（或許還會減掉幾磅肉）。要是我先生跟我說他很感激我鋪好床的話，我會更願意鋪床。

記住，人的大腦構造就是會主動追逐獎勵。做了能得到獎勵的事，我們就會繼續做，還會更常做。藉由給予獎勵，鼓勵孩子展現我們期望的行為，這就是採用科學方法幫助孩子學會好行為。

另一種手段：後果

好，現在你已經在實踐高段的教養技巧了，那就是：關注好行為；給予熱切、具體、立即、貫徹的獎勵；獎勵小型的個別行為（或是會形成行為整體的個別步驟）；忽略不屬於現行優先事項的壞行為。好，現在你已經有了完美的孩子，是嗎？要是真能這樣就太好了，無可避免地，孩子還是會做出你無法忽視的某些事。他們會跟手足打架；向你射出違抗的目光然後跑下餐桌；或是在你告訴他們該從浴缸裡出來的時候，不情願地朝你丟玩具。有些事情是無法忽視的，所以現在要談的是許多父母最熟知的做法：「後果」（consequence）。

一旦你開始採用獎勵好行為的常規系統，就必須大幅減少對孩子實施後果，但還是有必須使用的時機。就跟給予獎勵一樣，實施後果也要有正確的方法才能奏效。首先，不要叫孩子去做某件事，除非你有貫徹這項命令的意志，意思是如果孩子不遵照你的話去做，就要面臨後果。所以如果這件事對你並不太重要，或你現在沒法實施後果（你正忙於某件事或你們正身在公眾場合，你不想要深究），就要實施你的忽略技巧。但當你發出一道指令，而孩子沒有遵照去做的時候，你就得要實施後果。若不這樣，就等於教孩子不需要總是聽你的話。

要記住，採用正面陳述的指令比負面的指令好。例如購物時，孩子坐在購物車上，你要說：「把手放車子裡收好」，而不是：「不要去拿商品架上的東西」。重點要放在「負負得正」的正面行為上，也就是你要指出希望孩子表現的行為，而不是你不想看到的行為。（注意：這需要一段時間才會習慣，但等到你抓到節奏，我保證你會不費吹灰之力。）很多時候，你都能找到理所當然的後果可用。舉例來說，如果孩子在他期待已久的旅途上大吵大鬧，理所當然的後果就是要取消行程直接回家。

當後果執行得好

就跟獎勵一樣，要讓「後果」奏效（也就是減少壞行為出現），你必須「立即」和「貫徹」執行。「暫時隔離」[19]是一種隨時可用，也是很多人會用的後果手段，無論是在家裡還是商店裡，幾乎任何地點都可以實行。「暫時隔離」基本上就是拿走父母的正向獎勵，例如失去跟你的眼神接觸，或是其他孩子認為是獎勵的東西。暫時隔離要多久？一條很好用的頭號規則就是孩子每多一歲就多一分鐘，所以三歲的孩子就是三分鐘。許多父母都會在家裡備好一張隔離椅，或是如果在商店裡的話，就利用一個小角落。本書最後面的「參考書目和推薦書單」列出了幾本教養書籍，其中對於如何有效暫時隔離有更多說明，這些書是：《一二三的魔術》（*1-2-3 Magic*）、《正面教養，我把孩子變乖了》

（*The Kazdin Method for Parenting the Defiant Child*），和《教養意志強硬的孩子》（*Parenting the Strong-Willed Child*）。[20]但對多數兒童來說，任何使得正向獎勵（包括父母的注意力）消失的變化都能奏效。重點在於，「每一次」孩子不聽指示時，就一定要實施後果。

另一項出人意料的事實是，後果的長度並不會影響它減少壞行為的效果。換句話說，不准孩子一個星期玩他最愛的玩具，其效力並不會比一整天都不許玩還好。最有效的後果必須是：溫和、立即、簡短。爸媽們，我知道你們不喜歡，我也是，這感覺好像孩子得到的處罰「不符比例原則」。不過，要讓後果能夠發揮作用，最重要的部分是從一開始就要實施後果。事實上，嚴重程度更高的後果可能產生反效果，因為這會給予孩子更多時間累積對父母的憤恨，而且它的即時性條件就消失了。當你禁止孩子一個星期都不能騎腳踏車，而孩子過了幾天要求騎腳踏車，你說不行。可是，腳踏車會被沒收的

---

19 譯注：暫時隔離（time-out），意思是切斷當下的活動，讓孩子隔離在一旁冷靜下來。

20 譯注：詳細資訊請參見最後推薦書單的章節。

原因已經是好幾天前發生的事情了，所以孩子在當下只會覺得爸媽很小氣而已，這個時候，壞行為和後果之間的直接連結已經消失了。

最後還有幾件關於後果的事情要考慮。首先，如果某件事是你希望孩子做的，就不要把它當成後果。例如，如果你希望孩子幫忙後院的例行性工作，就不要把叫孩子掃落葉當作是後果。如果你想要灌輸孩子幫忙家事是一種好行為，就不要把叫孩子洗碗作為後果。

最後，或許也是最重要的，當你發怒的時候不要實施後果。沒錯，我把最難實行的留到最後一項。真實的情況是這樣的，那些容易招致後果的行為，同時也是容易惹父母生氣的行為（像是：你剛才居然那樣跟父母說話？）。當我們生氣的時候，怒氣會挑動神經，使我們想要實施後果，但這種時候往往最容易淪於無效。我還記得兒子年紀還小的時候，我帶他去打保齡球，想說這個下午會是一個趣味十足的親子時間。但是，最後我兒子大發一頓脾氣，原因是比賽到一半的時候，他不願意移到另一個鋪設緩衝條的球道。我對著他大吼：「我再也不要帶你來玩保齡球，再也不要了！」但這種「後果」難以實踐，這就是為什麼當你生氣時，不要隨便對孩子處以後果。

教養工具包彙整

下面這張清單彙整了截至目前為止討論過的，如何有效使用獎勵和後果來塑造孩子的行為。如果孩子的情緒性屬於低至中度，這個經過科學驗證和背書的工具包，只要你能夠貫徹執行，會發揮很大的效果。

有效塑造孩子的行為

- 關注好行為
- 忽略壞行為
- 一次聚焦少數幾個行為項目
- 獎勵小規模步驟
- 獎勵應該要：

*熱切（想像心中的啦啦隊）
*具體（指出好行為）
*立即（獎勵要在行為發生的時點給予）
*貫徹（每一次好行為發生時都要給予獎勵）
．實施後果應該：
*只有在無法忽略時使用
*立即和貫徹
*可能永遠無法符合「比例原則」
*務必要在你冷靜的時候實施

不過，如果孩子屬於高情緒，你可能會發現標準的獎懲教養策略沒有作用。事實上，甚至可能導致孩子的行為變得更差。擁有高情緒孩子的父母啟動了實施獎勵和後果的計劃，結果經常是孩子大部分時間都被處以「隔離」（或其他後果），卻很少能得到獎勵。高情緒兒童很可能開始內化「我很糟」的想法，因為現成就有個獎懲系統記錄他們的表現有多少次違背了父母的期望。而父母則是越來越洩氣，感覺事情永遠也不會變好。他們會懊惱到底是哪裡做錯了（或者責備是不是另一半做錯了），或者害怕是不是孩子哪裡有問題。簡而言之，每個人都不開心，孩子的行為不見好轉，親子關係變得越來越差。這到底是為什麼？

實施獎勵和後果要能見效，是因為這個系統能幫助孩子建立好行為（或壞行為）的連結，讓孩子有誘因據此表現乖巧。當高情緒兒童還是不聽話，我們很容易認為孩子只是需要更多誘因來停止不好的行為，所以父母會加倍後果的力道。但高情緒兒童並不是缺乏表現乖巧的動力，而是缺乏這樣做的技巧。這類型孩子生來性格就是容易情緒波動大，很容易就感到苦惱和受挫，天生就不會管理這種情緒。如果孩子不擅長計算代數，那麼獎勵和後果就不應該是教孩子學畢氏定理。把孩子不擅長的算代數當成處罰，其實是滿殘酷的，而且很可能讓孩子開始討厭你。

高情緒兒童經常因為行為遭受處罰。他們感受到挫折或憤怒，把氣出在父母身上，而這更進一步地激怒了父母。在第 2 章當中，我們談過基因型如何影響身邊的人給我們的回應。高情緒兒童會引發父母的負面反應，這類型兒童的高情緒基因型很容易觸發父母的怒氣，打亂親子間的回饋循環，結果導致每個人都出現不佳行為，除了挫敗和憤怒的情緒，沒有其他。你要求孩子做某件事，孩子拒絕，你將要求加倍，或者還附帶了後果（「不要再繼續踢椅背，不然我就要沒收你最喜歡的玩具喔！」），然後孩子增加壞行為來表示他不喜歡這個威脅，接下來會怎麼樣你應該知道了吧，每個人都很生氣。

我有個親密好友告訴我以下這個故事，吃晚餐的時候，她的高情緒孩子一直用叉子敲打餐桌，怎麼講都不聽，結果她先生在盛怒之下，到房間拽出孩子的公主洋裝和玩偶，丟到水裡去。顯然，孩子的怒氣被推到頂點，然後轉身衝進房間，而我朋友的先生對著女兒大吼：「如果你不回來好好吃完晚餐，就再也看不到那件粉紅色的公主裝了！」她那位聰明的高情緒孩子回嘴道：「沒關係，我還有很多。」結果就是她所有的玩偶都遭殃，聰明反被聰明誤！

如果你家裡也曾上演過類似的情景，別難過。趁著你還沒注定接下來十八年都要面對孩子鬧脾氣和頂嘴，只需要再學一些高情緒兒童的教養策略。這就是我們接下來要談的。

對高情緒兒童的教養策略
（還有對低情緒兒童的更多教養訣竅！）

每個兒童都有自己麻煩的點，如果你有超過一個以上的孩子，每一個給你帶來的難題一定都不一樣。幫助高情緒孩子的第一步要記住：「孩子不是自己想要這樣的」，就好像他們也不會想要害怕數學一樣。這並不是一種選擇，而是遺傳基因在作怪，如果你能接受這事實，並開始用這種角度來審視孩子的狀況，日子會好過很多。

第二步，是記住高情緒兒童要的是什麼，這類型孩子調皮搗蛋，往往會把你逼到極限，他們需要的不是嚴格紀律，而是溫情而柔軟的管教。這點有時很難令人接受，因為跟大部分父母的自然反應完全相反，當你看到完全出軌的行為時很難按照這樣的原則來對待孩子。

孩子畫了一下午的美勞作品，卻可以在一瞬間把它撕掉，這絕對會讓人理智斷線。當孩子在大庭廣眾下大鬧脾氣，那感受就像是每一雙眼睛都射出不滿的目光看著你們，不斷升高的壓力逼使你想做出一些事來對付眼前這種不可接受的行為。

但同樣的，爸媽的失控只會造成負面的回饋循環。孩子脾氣發作得更大，父母更生氣，然後孩子不甘示弱……鬧個沒完。

作為高情緒兒童的父母，你需要幫助孩子學習管理強烈情緒。首先第一步是轉移焦點，把注意力從原本的行為轉移到會觸發孩子天性反應的原因上，光是這樣就能夠使得負面回饋循環發生短路。理想的情況是，你要能夠幫助孩子引導那些情緒讓發作的精力，發洩到更合適的管道上。

你已經曉得孩子屬於高情緒性格，這表示那些「壞行為」──莫名的發作、鬧脾氣──事實上是某件事物的訊號或副作用，而不見得真的是行為本身。高情緒兒童天生就是對環境比較敏感，比其他孩子期望能獲得更多，不只是從環境，從他們自己，更是從你身上！這對小小的腦袋來說是很大的負擔。就跟我一開始說過的，我或許是個行為發展專家，但同時也是個媽媽，需要花點時間讓我能超脫孩子的天性傾向，在被惹毛的時候能夠趕快回復為理智的自己。在我完全搞清楚到底是怎麼一回事，並讓我將學理上的知識轉移到日常實踐之前，我跟兒子的星期六早晨都是這樣度過的：

我：「你知道嗎？我們今天要去找傑克和瑪德琳，還有莎拉和保羅跟他們的爸比媽咪，我們要一起去遊戲場！一定會很好玩！趕快穿好鞋子，我們出發吧！」

高情緒兒子：「我不想去。」

我：「怎麼會不想去呢？我們走吧，一定會很好玩的。」

高情緒兒子：「不要，我不想去。」

我：「我們要去，趕快穿好鞋子。」

高情緒兒子：「我不要去。」

我：「要，你要去，決定事情的人是我不是你。我已經跟所有人說了我們會去，好了快去吧，我們要遲到了。」

高情緒兒子：「我．不．要．去。」（朝我丟鞋子。）

我：「你不可以這樣，怎麼可以亂丟東西！走，去你的小角落，你要被隔離了。」

高情緒兒子：「不要。」（坐在地上拒絕移動。）

我（提高聲音）：「我說，去．隔．離。」

高情緒兒子：「我不要！」

像這樣，你不需要成為「專家」，也看得出來這種局面不可能善了，怎麼樣都不可能以跟朋友快樂地在公園度過一天作結了。

我自己做了一點思考，再加上對兒子的觀察和對遺傳性格的了解，我終於明瞭到底是什麼導致這個星期六早晨的情緒崩潰了。你在讀完本書最後一章之後，大概也能找出你現在遇到的問題根源。如同我前面提到的，我兒子屬於低外向，而我是標準的「人來瘋」性格。這就造成了我們母子之間的錯置。在我的世界裡，「開心」意味著跟所有的朋友和他們的孩子一起玩翹翹板和盪鞦韆。

但是我的「完美的一天」，對內向的兒子而言卻可能是一場痛苦。他突然間被我告知，現在就要出門跟一大群人聚在一起，這超出他能承受的範圍。他的幼兒大腦還不夠成熟到懂得告訴我：「媽咪，要跟那麼多人在一起我覺得好緊張，能不能只約一個好朋友，安靜地玩就好了呢？」相反的，他感到一股痛苦的衝動，他的高情緒因子啟動了恐慌情緒，而亂丟鞋子不過是一種間接性損害而已。

父母要如何弄清楚觸發高情緒兒童的原因是什麼？最好的時機絕不是孩子已經發作的時候。當孩子處在苦惱中時，會產生一種生理反應，使他們無法清楚思考。這種心理上的「瞬間空白」，並不是只會發生在孩子身上，想想看上一次你的另一半做了某件真的惹火你的事，你應該也很難保持鎮定吧。你應該是這樣：心跳上升、情緒緊張，無法有邏輯和清楚地思考，大腦所有的生理反應都上升到「打或逃」的層面。

奇怪的是，我們對孩子要求的標準經常高於對我們自己。「先冷靜一下吧，沒什麼大不了，不要這麼動氣。」想像要是你對某件事已經發火了，另一半卻對你說：「這有什麼大不了？」這件事大概也很難善了，對方想要大事化小只會讓你更生氣吧。「你竟敢忽視我的感覺！別跟我說什麼是大事什麼是小事！這就是大事！」

還要好多年，才能讓孩子長成發展充分的「進階大腦」，讓他以冷靜的態度表達強烈的情緒。（老實說吧，就連我們這些腦部已經發展完全的大人，也很難做到！）所以，孩子想要嘗試表達害怕、焦慮和挫折感，都是怎麼做的？他們會亂丟鞋子，或撕毀勞作。他們還沒辦法找到話語能充分表達：「我真的很生氣！」他們的強烈情緒超過能處理的範圍。

這裡不妨再想想看，當你已經對某件事發火了，會希望另一半如何回應？你應該會希望對方好好傾聽，理解你的怒火是打哪兒來的，並試著弄清楚日後要如何做會更好。你希望對方能順應你當下的情況，而不是告訴你太荒謬或太「幼稚」，或是他不喜歡你這樣。

這正是高情緒孩子也需要的，他們需要他人傾聽、安慰，以他們原本的樣子被愛。對付高情緒兒童最好的方法是給予同情，也就是要理解他們的感受，對於這類未來注定還會發生的窘境擬定計劃。

有父母對我說過，「可是你又不能和孩子說理！」沒錯，在孩子還生氣的時候是這樣沒錯。同樣的道理，我先生說要摺衣服，但洗好的衣服已經堆在沙發上一個禮拜了都還不見動靜，當我真的動了氣責備他時，不想聽到他只是冷靜地分析：「親愛的，讓我們來談談如何更有效地討論我們之間的差異。」

當有人生氣的時候，無論這個「人」是三歲還是三十三歲，都不是進行有效對話的好時機。但當孩子冷靜下來之後，可以跟他好好聊聊是什麼原因使他發怒，日後要如何防止這種過激場面。只有去了解高情緒行為背後的「原因」，才有辦法幫助孩子將情緒發洩到別的事物上。想要弄清楚原因，沒有什麼比跟孩子好好談談更好了。

親子協力：跟高情緒孩子建立合作關係

高情緒因子往往導致父母和孩子之間形成一種彼此對立的關係，這對任何人來說都不開心，也難有收穫。要讓這樣的親子關係回到正軌，就是要從原本與高情緒孩子之間的對峙，改為跟孩子站在同一陣線。我們要介紹幾個簡單的步驟，讓你幫助孩子管理容易產生強烈情緒波動的天性。

找出觸發情緒發作的原因。高情緒兒童的行為之所以那麼惹惱人，是因為情緒發作似乎都毫無來由。我們必須理解，他們是可以當個可愛的小天使（至少有時候），而且他們並不是自己想要鬧脾氣，而是有某件事「觸發」了性格中的痛苦、恐懼和挫折感。你的工作就是跟孩子一起合作，像偵探一樣去推理出那些「觸發事件」是什麼。

對高情緒兒童而言，有一些共同的觸發因子（請見下列表格）。這些因子包括像是：從一項活動過渡到下一個活動的時候、要完成難以應付的任務、計劃發生變化，以及當事物的進展不如期望的時候。這所有觸發事件都跟高情緒兒童天性中比重甚高的痛苦、恐懼和挫折感受有關。孩子表現出的高情緒性格都不盡相同，並不是所有高情緒兒童都對所有任務皆無法應付（雖說有些是這樣）。從這張表格上列出的事項開始，給這些會觸發孩子鬧脾氣的事件解密。先給一些觸發事件列出清單，再加上孩子的特定問題。如果你想不出任何觸發事件，那就在孩子脾氣發作的時候都記錄下來，包括時間和情境，你就能夠找出是不是有固定的模式，並進一步建立自己的清單。

高情緒因子的共同觸發事件	範例
計劃變動	外面下雨，所以不能去公園
要完成困難的任務	孩子不想完成課堂作業
事情的進展不如孩子的事前期望	畫好的圖畫不合孩子的原始意圖
從一個活動轉換到下一個活動	時間到了，要停止在浴缸玩耍，出來換上睡衣
某個人或事物落空時	孩子的朋友臨時爽約不能來玩
要在壓力下完成事情	三十分鐘內就要準備好去上學
應對意義模糊不清的事物	明天不下雨，才能去公園

感官問題	衣服穿起來感覺刺刺的
焦慮	孩子對於要參加學校話劇演出感到焦慮
難以表達感受	用腳去踢另一個孩子
置身太多人或活動中以至於難以承受	大型生日派對或太多人一起玩遊戲時會生氣

對高情緒孩子而言，重點在於「解決問題」，而不是獎勵或處罰行為。使用獎勵和後果的前提是，孩子只是需要誘因來做出某種表現。記得：高情緒兒童並不是缺乏動力，他們缺乏的是處理強烈情緒的能力。其實孩子或許比你還不想要脾氣失控或大哭大鬧，事實上，他們對於自己無力處理情緒可能比你還要害怕。

我兒子大約五歲的時候，有次在醫生面前把他所有對媽媽可發的脾氣全都發出來了。那次他是喉嚨痛，我帶他去看醫生，醫生需要用棉花棒輕拭他的喉嚨以檢測是否感染鏈球菌。多數兒童都不會喜歡有根長長的棉花棒伸進喉嚨，低情緒兒童可能會抗議，甚至會哭。而我這個高情緒孩子把頭低下來，拒絕張開嘴巴。

一開始，我們試著哄騙他，還試著誘以獎勵。「很快就弄完了，然後我們就去吃冰淇淋！一點都不會痛！」我兒子一點也不讓步，我們只好換另一種策略。我用嚴厲的聲音說：「我知道你很害怕，但是沒辦法，一定要檢查才行。」兒子毫無動靜。然後我們又改變策略，拿出後果來嚇他：「小伙子，你最好快點把嘴巴張開，不然就不能玩樂高了喔！」這下有反應了，但不是我們想要的那種。「不要！」他生氣地號叫，然後踢了醫生一腳。我想接下來的細節可以省略了，大約就是小孩爬到桌下、推倒椅子，最後是診所出動了一大群護理師來把孩子按住，好不容易才做了喉嚨採檢，這期間他使出吃奶的力量不斷尖叫。情況真是糟糕到極點。我們回家以後，各自奔進自己的臥室大哭了一場。

隨後，我房門底下出現了一張兒子寫的小紙條，這張紙條我一直保存到今天。這張摺成小冊子狀的紙條上，兒子用他幼兒的筆跡寫著：

給媽媽，

親愛的媽媽，我很害怕會對醫生叔叔發脾氣，我會試著不再這樣。我很怕會摔你的手機，我試著以後不會再這樣。我很很很很很包歉（抱歉）！

我很生氣，因為醫生把我的屁股弄得很痛（我們曾經發現他的臀部有一種罕見的毛病）。現在我的屁股好ㄙㄨㄤ。而且我不想要那支長長的東西伸到我嘴巴裡，因為我害怕那會卡在我的喉ㄋㄨㄥˋ裡。所以我不想要，他們把那支長長的東西伸進我嘴巴以後，有些東西卡在我的喉ㄋㄨㄥˋ。我很對不起。你能原諒我嗎？(A) 能 (B) 不能

艾登

我保留這張紙條，是因為它提醒了我，這個孩子並不是故意要不乖。高情緒兒童不是故意要違抗或頑皮，或故意要達成自己的目的。他們的大腦構造確實不太一樣，基因組成不同。他們需要面對排山倒海而來的情緒，卻不知道該如何處理那種情緒。當我們加重後果（或是輕率說出口的獎勵），只是讓孩子對自己感受更糟糕。這裡面沒有贏家。

共同協力，解決問題。擬好觸發事件的清單，再加上孩子遭遇到難以應付的情境範例之後，就可以開始來解決問題了。從清單上選出幾個你最擔憂的問題，要先從這裡開始。並不是說其他問題就永遠不管了，而是總得要起個頭，你不可能一次就想解決所有

事情。還記得前面討論過想要什麼樣的老闆嗎？我們喜歡的老闆是一次只給合理可應付的工作量，而不是一次就把一長串待辦事項全都倒在你身上，而且還立刻就得交出成果。

要成功解決問題，關鍵在於孩子要成為跟你地位同等的夥伴。你可能已經自己嘗試過非常多辦法，但都失敗了，或許你讀過一些教養建議，然後實施過像是標準的獎勵和後果系統，像本章前面討論過的。我們會覺得做父母的有責任為孩子的問題找出辦法，習慣認為我們應該要知道答案。所以，要你跟孩子一同合作找出解決辦法，你一開始可能會覺得有點奇異。

但如果是你自己想出辦法，其實是將自己的想法加諸孩子身上。雖然這些計劃的立意良好，但你不妨停下來想想看：你是在將想法加諸在容易受挫、高情緒孩子的身上。這表示大部分父母嘗試要改善問題，可惜都得到反效果，這樣反而給孩子創造了另一種觸發事件。孩子會覺得你是執拗頑固，而這並不會幫助孩子變得更柔軟一些，高情緒孩子有可能回以同樣強烈的執拗，然後這個負面循環又會持續。

各位爸爸媽媽，你們可以改變這些情況，試著把它想成你的肩膀終於可以卸下一部分責任了，跟孩子一起努力，找出要如何面對他們的挑戰。讓它變成是一種彼此合作的過程，讓你和孩子一起組隊，來對付他們的高情緒因子。你們要一起想出計劃，讓你能夠從被動性的回應，變成主動採取行動。大部分有高情緒孩子的家庭都處在一種被動性的回應模式，當孩子脾氣發作時，他們做的是損害控制。現在你要弄清楚有哪些事件會觸發孩子的情緒，並一起合作解決特定問題。你能夠採取主動態勢，訂出計劃，讓孩子的情緒被觸發時，幫助他們管理這些情緒。

這會是一個過程，絕不是跟孩子談過一次話就能完成的。選一個時間，當你和孩子都充分休息，心情好，而且你不趕時間的時候。從同理開始，要記得高情緒孩子脾氣發作的時候，可能跟你一樣覺得很害怕。給孩子空間，讓他自己談談到底是怎麼回事，從孩子的角度來了解是什麼在觸發情緒。就跟我兒子的紙條一樣，高情緒兒童沒有處在大量的痛苦中時，通常都可以好好解釋是什麼使他們生氣。就連幼小的兒童通常也有概念，知道問題是從哪裡來。聽聽他們的煩惱，試著了解他們遭遇的挫折。擬定解決辦法的第一步，要了解是什麼造成問題。

有些孩子可能需要比別人更多的時間才有辦法開口談他們的問題。不要催促孩子，也不要感到失望。如果他們真的不想開口，你總是可以說，「沒關係，你先想想看，我們之後再來聊聊。」

有些父母和高情緒孩子使用的另一種策略，是給孩子的強烈情緒取一個名字。例如，取個叫做「伯特」的名字，這讓你和孩子能夠輕鬆地談起一個困難的話題。「當伯特出現的時候，我們該怎麼辦呢？」這讓你們倆好似站在同一陣線對付相同的敵人，可以消除對孩子的怪罪，把焦點放在那種難纏的性格。當伯特出現時，大家都很氣憤！把突如其來的情緒潮安上一個名字，有時對孩子在痛苦的情緒來襲時有幫助。你可以教孩子說，「我覺得伯特要來了」。這是另一種去認識並管理孩子情緒的方式，能有助於平息當下的情境。

若是有談論如何處理強烈情緒的童書，也是一種和孩子開啟話題的好方法，當孩子讀到其他孩子（或故事角色）也會大鬧脾氣時，可以學到感受生氣的情緒是正常的，這也是學習如何管理情緒的重點。把注意力放在討論一個第三者，看起來不會那麼嚇人，也能夠幫助孩子輕鬆進入話題。此外，書籍還可以讓孩子有機會探索處理怒氣的不同方法。以生氣為主題的童書，舉例如下：康娜莉雅．史貝蔓（Cornelia Maude Spelman）的

《我好生氣》（*When I Feel Angry*）跟莫莉・卞（Molly Bang）《菲菲生氣了：非常、非常的生氣》（*When Sophie Gets Angry-Really, Really Angry...*）。

要開啟跟孩子的解決問題對話，你可以說：「我發現到了某某情況。你覺得是怎麼了呢？」按照你看到的情況，把問題指明，將之描述成是一種挑戰或難題。舉例來說，「我注意到早上穿好衣服對你來說是個難題，你覺得怎麼樣呢？」、「我發現到叫你來吃晚餐的時候，要停止你正在做的事情，對你來說好像不容易，你覺得是怎麼了呢？」對孩子要用耐心和鼓勵的態度，這是讓你們親子倆表達擔憂的機會。

在你和孩子都講完各自的擔憂之後，你就說：「我們來想想要怎麼解決這個問題，你有什麼想法嗎？」或說：「我們來想想看要怎麼讓情況變得更好，你覺得呢？」

難的地方在這裡，你必須要認真地傾聽和考慮孩子的每一個想法。有些可能並不實際，但請不要立刻否決，解釋給孩子聽，要想出一個對你們倆都有效的解決辦法。所以如果孩子提議要是早晨發生情緒崩潰，拿巧克力當早餐作為解決辦法，你可以說：「你想到一些點子了，很好！但這個辦法對我不好，因為爸媽的責任是要確保你早餐吃得健康才可以。所以再來想一想有沒有別的法子，是我們兩個都喜歡的。」

壞處是孩子也有可能說你的想法對他們無效，父母當然為難，但別忘了我們是要和孩子共同協力解決問題。當對象是我的同事、我先生和朋友時，我會真的很希望想法能得到他們認可，但可惜啊，他們通常也有想法。要做成任何事，需要相互同意之後要怎麼走下去。如果執意要按照我的做法，有可能無法達成任何行動。相信我，這是親身經歷，到現在為止，我們家都還沒有人按照我的要求把碗盤好好放到洗碗機裡。

對孩子來說也是一樣，如果你拿解決問題當幌子，其實早有執意要進行的計劃，孩子是看得出來的，而且會對這個過程失去信心。孩子會把這看成是一種單向執行父母意旨的狡猾手段，使你再度回到與高情緒孩子對立的局面。

請銘記在心，問題的核心在於孩子天生的性格就難以管理強烈的情緒和處理困難的情況。跟孩子一起努力解決問題，有可能引發孩子的強烈情緒，讓父母遇上難解的情況。要如何撫養孩子，做父母的總是習慣自行作主。

這正是為何和孩子共同協力解決問題會是種有效的方式。你們共同努力，正好教導孩子要如何管理強烈情緒，努力克服難題，一起找出解決辦法。這能教導孩子主動找出問題，想出解決的辦法，嘗試執行，觀察結果，然後據此再修正。這事實上是一道絕佳的人生課題。跟孩子一起合作，每個人討論自己的擔憂，然後一起尋找解決辦法，也能夠教導孩子如何同理和換位思考。

父母會問：小小孩也能夠一起合作解決問題嗎？令人欣慰的答案是：會的！孩子從非常小的年紀開始就已經像個小小科學家，探索和試著了解周遭的世界（例如：如果把果汁推倒的話不知道會發生什麼事？）。當孩子到了三或四歲的時候，已經有能力讓你了解，當他們變得很生氣的時候，腦袋裡在想些什麼。當然，這份能力會隨著孩子年紀漸長和大腦逐漸發展，變得越來越好，直到某個時刻。孩子到了青少年時期似乎就會開倒車，有時候我覺得我兒子小時候，要跟他講道理還比較容易呢（開玩笑的，我說的是大部分時候）！

準備好一項計劃。好，現在已經都跟孩子談過了，你們也都表達了各自的擔憂，一起合作想出了彼此都能同意的解決辦法。也許那不是你的頭號選擇，不過總歸是一個辦法。例如，假設你們的問題是孩子在長途車程期間，容易脾氣發作，這使得要開往祖父母家的路途特別難熬。透過對話，你了解孩子感覺好似被困住，隨著車程拉長，想到還要繼續待在車上，他感到痛苦加劇。你最初的提議是，要是一路上都不吵不鬧就能得到一份點心，但即便孩子很想要得到點心，高情緒就是讓他無法做到。孩子提議說乾脆以後都不要長途開車好了，但這並不可行，因為你還是想要帶全家一起去祖父母家。結果，你們得出的解決辦法是在中途的休息站停車，在那裡的遊戲場玩一玩，休息片刻。這並非是你的頭號選擇，因為這會使原本長時間的旅行變得更長了，然而，孩子亂踢亂叫已經成了家族旅行的固定戲碼，比較起來，這個計劃尚稱可接受。

現在已經訂好計劃，接下來呢？就等著看是不是真能奏效了。我們要試行計劃，看看實際的結果怎樣，別太期待有奇蹟發生，成功不可能一夜之間就出現。因為孩子的性格畢竟還是屬於高情緒，你們的計劃需要許多練習、試錯，因為孩子還在練習發展他們管理強烈情緒的能力。要撐住，就算是小規模的成就也要予以表揚和獎勵。在這裡，獎勵會成為對高情緒孩子來說不僅適當且有效的手段。

不妨跟孩子保持暢通的溝通管道。要是沒辦法像計劃中那樣順利，要跟孩子好好談談，只是不要在當下，當孩子冷靜下來再談。「我們講好去祖母家的路上會在休息站休息，但是對你好像沒有幫助，你覺得是為什麼呢？」、「我們做了計劃，但是昨天晚上我們要從浴缸裡出來好像沒那麼順利，你覺得是為什麼呢？」對孩子要採用鼓勵的態度，讓孩子看到你相信他們日後會做得更好，提醒孩子這需要練習。孩子需要你的鼓勵。

你就把它想成是讓孩子發展出他們天生就沒有的技巧。如果孩子想要學彈鋼琴，但孩子就是無法好好坐在琴凳上，就從用手指按下琴鍵開始，聽起來就像貝多芬那樣。這需要練習，而且是大量的練習，你還需要忍受大量用手指彈的，不大悅耳的琴聲。

如果你發現好幾個星期過去都沒有什麼改善的話，就再一起制定一個新的計劃。你得提醒自己，教養是場馬拉松，不是短期就會看到結果的短跑。我兒子現在十三歲，當我跟孩子的問題搏鬥最激烈的時候，我承認有許多時候很絕望地感到這樣的日子似乎看不到盡頭，但現在，對於孩子從小就開始表現出來的多次瘋狂情緒崩潰，我們已經可以一笑置之。

善待自己

高情緒兒童的天性是對痛苦、挫折、恐懼的敏感度很高，這對父母來說是巨大的挑戰。如果孩子屬於低情緒，你在這方面確實走運。在孩子還小的時候，會遭遇到的脾氣大發作情況，次數和嚴重程度都會輕很多。這不是說你就不會遭遇挑戰（還是會），但每次要求孩子做某事的時候，比較不會遭遇到激烈的「不要！」或是一隻飛過來的鞋子。在討論所有性格類型時，確實每種性格都有各自的優缺點，並沒有所謂的「好性格」或「壞性格」。不過事實上，孩子的情緒性跟父母教養起來是不是比較「輕鬆」具有很大的關係。

對我來說，我希望這一章能夠幫助低情緒孩童的父母更體會和支持其他有高情緒孩子的爸媽友人。就算朋友的小孩鬧了宇宙無敵大的脾氣，朋友本身也沒有做錯任何事。他們並沒有不對孩子施行適當的獎勵和後果，也不是孩子需要學習適當的行為。而是問題在於孩子遺傳到的天生氣質，孩子對強烈情緒會有很大的反應，仍在學習該如何管理情緒。

高情緒兒童的父母容易感到挫折、難以承受，有時候甚至會對孩子產生厭惡的情緒，這很常見。我家接受外籍生來寄宿幫忙看小孩，兩年內就走了五位。我最好的朋友為女兒聘請的保母，不偏不倚地，就在她生日當天辭職，因為小孩在遊戲場大鬧，而其他父母投射來的眼光使她難堪到受不了。撫養高情緒孩子並不容易，你要學習放掉對孩子生出負面情緒而導致的罪惡感，這對你身心保持安好非常重要，也對你的教養能力有很大的影響。憎惡的情緒並不表示你是壞父母，你不過是個正常人，不喜歡有人對你大吼，或是你提出了要求卻毫無回應（好的情況下），或得到惡劣的回應（壞的情況下）。家有高情緒孩子，可能會給家裡帶來許多無法預期的壓力，對你的婚姻造成影響也不是沒可能。

這就是為什麼善待自己是那麼重要，照顧高情緒孩子格外需要耐心，如果你的心理狀態不佳，那麼對你的難度又會上升。社會上其實有不少促進身心福祉的可用資源，我很推薦美國加州大學柏克萊分校的至善科學中心（Greater Good Science Center，網址是：greatergood.berkeley.edu），他們提供許多有科學立論的文章和工具。正念、冥想、瑜伽、散很長的步、運動、從小事中尋找樂趣，我知道這些建議聽起來會讓人心想：你是說真的嗎？我家小小孩在家裡尖叫、大吼，而我在外面散很久的步、聞玫瑰花香？

孩子——特別是難帶的孩子，會占去我們大量的時間和精力，以至於我們覺得好像什麼都沒剩下可以留給自己了。盲點就在這裡，為什麼善待自己那麼重要？如果你不留點時間給自己，就無法當個好父母。要照顧別人，你得先照顧好自己。想一想你需要什麼來找回自己，讓你能培養耐心，來教養高情緒孩子。就像前面提過，和孩子一起解決問題的過程一樣，你可以挑選一、兩件活動來試試看，然後執行下去。例如，或許你以前熱愛瑜伽，但是你把全副心力都放在與孩子之間的搏鬥，再也找不出時間去上課。那麼你就選定一個早晨，提早三十分鐘起床，把這段時間獨獨留給自己。又或者你喜歡看書，但現在晚上打理好小孩以後就已經累得睜不開眼了，你已經不記得上次查看《紐約時報》暢銷書榜是什麼時候。那麼就去訂購一本你想看很久的書，就寢前花個十分鐘，短暫地遁入閱讀的世界裡。就算你沒能順利完成想做的事，也不要氣餒。清晨的瑜伽時段被早起的嬰兒打斷，又或是外面傳來手足口角的聲音，使你不得不提早跨出泡泡浴缸，沒關係，深呼吸一口氣，改天再試一次。

與自己對話，可以幫助高情緒兒童的父母在孩子鬧脾氣的當下，保持沉著冷靜。發明一句「神奇咒語」，在孩子上演大崩潰的時候，在腦海中複述一遍，還要記得深呼吸。這裡我提供幾句來供你腦力激盪一下：「人生對某些孩子就是比較難」、「孩子也不想這樣」，至於宇宙爆炸型的大崩潰，我個人喜歡這樣對自己說：「自己的孩子自己愛，要怪就要怪基因（吸氣、吐氣）；自己的孩子自己愛，要怪就要怪基因……」不管你的神奇咒語是什麼，這都是一種很好的應對機制。

最後我想說，雖然高情緒兒童是真的不好帶，但還是提醒你要欣賞孩子如烈火般的性格！你可以惋惜孩子會鬧脾氣，但也可以想辦法轉移孩子強烈的情緒到別的方面，變成孩子長大後於他有益的優點。我們發現，那些最難對付的孩子往往長大以後會變成饒有趣味的大人。就如同知名的普立茲獎得主、哈佛史學家蘿瑞爾．賽契．烏瑞琦（Laurel Thatcher Ulrich）曾經寫下的這句話：「安分守己的女性鮮少創造歷史。」對兒童來說更是如此，有些改變世界的奇人，小時候其實是個性極難對付的孩子。當孩子氣沖沖地跺腳，或是跟你頂嘴個沒完時，記得要不斷提醒自己這一點。經過適當的引導，那些強烈的情緒可以在孩子長大後，推動他們不懈地追尋熱情。

量測你自己的情緒性

教養會有多難，最後一項影響的因素是：你自己的情緒性落在何處？你天生是有多麼容易感到痛苦、挫折和憂慮，會影響你多麼容易對孩子的行為生氣，無論孩子是低情緒或是高情緒。教養需要大量的耐心，對於像我們這些情緒性比較高的人，天生就不具備這一點！我們的性格就是容易苦惱，這使我們對孩子的不乖行為產生強烈反應。這對任何人都不好，我深深知道，因為我也經歷過。

事實上，我們都能夠從前面提及的教養策略中獲益：深呼吸，集中精神保持冷靜，想想該如何對付孩子所引起的強烈情緒，如果我們沒按照計劃實行別太在意，下一次試著做得更好。如果你屬於高情緒，別害怕跟同樣屬於高情緒的孩子說。你可以拿自己當範例，告訴孩子你也在努力管理自己的強烈情緒。這會有助於孩子了解，他們本身並沒有錯，也讓孩子有機會按圖索驥，摸索著要如何改善自己的脾氣。

手足高呼：不公平！

如果你有一個以上的孩子，其他孩子的情緒性很有可能不同。要是其他孩子的情緒性較低，當高情緒孩子脾氣發作的時候，可能會讓其他孩子害怕。高情緒孩子可能會占去你較多的時間和精神，使得低情緒孩子在這過程中感到失落。父母可能需要對孩子實施不同的教養策略，不然孩子可能會覺得爸媽不公平。

探索手足之間的差異，是要在家庭裡開啟彼此溝通的管道。就跟不同孩子的外向性有別，手足之間在情緒性的差異也是一個很好的機會來教導孩子同理，教孩子了解每個人都不一樣，要肯定我們和他人之間的差異。用在高情緒孩子身上的教養策略，也能夠讓低情緒孩子學到寶貴的一刻。你要建立這樣的流程：尊重他人意見、坦率討論彼此的困擾、找出解決問題的辦法，然後共同合作。

事實是兄弟姊妹總是會得到不同的待遇，孩子可能會視這些教養上的不同為「不公平」。畢竟，他們也是從遺傳到的眼光來看這世界，孩子的小腦袋還沒辦法完全體會其他人的腦袋長得不一樣。可是，公平並不是平等，如果一個孩子天性喜歡足球，另一個喜歡音樂，你應該會想要按照個別的喜好來支持他們追求卓越。如果一個孩子的算術比較不靈光，你會給予孩子需要的幫忙，並不會堅持另一個沒這問題的孩子也要一起上數學家教。孩子的情緒性程度不同，從你那邊需要的也不同，這是完全沒有疑慮的。最好的教養是為每個孩子的需要量身打造，而不是一體適用。

重點整理

- 要幫助孩子養成良好行為，最有效的方法是關注好行為，而不是處罰壞行為；但使用的策略必須根據孩子的情緒性量身打造。
- 針對低情緒孩子，實施適當的獎勵和後果，能夠極有效地塑造良好行為。
- 獎勵必須是熱切、具體、立即且貫徹地給予。一次只把注意力放在少數幾種行為上，只要方向正確，達成小規模的進展就要給予獎勵。後果則是要比較節制地使用，而且總是「不會符合比例原則」。訓練自己，「別為小事抓狂」。
- 高情緒兒童經常會引發父母嚴厲、負面的回應，但這類孩子需要也最能受益的，是父母溫情且柔軟的管教；父母在孩子脾氣發作時處以典型的後果，經常會導致行為變得更差。
- 關注會觸發極端行為（大發脾氣、亂丟東西、打人）的事件，而不是行為本身。
- 跟孩子一起合作，找出情緒化反應背後的原因，減少孩子情緒爆發的機會，跟孩子一起想出能夠管理強烈情緒的計劃，共同解決問題。

．照顧高情緒孩子並不容易，別忘了，教養是場馬拉松，不是短程賽跑，所以你必須保持在最佳狀況！要善待自己，讓自己擁有元氣飽滿的心理狀態來面對高情緒孩子。

第6章

第3種天賦密碼：自律性「EF」因子

一九六〇年代，史丹佛大學的學者做了一項研究，他們向幼兒園兒童提出兩種選擇，小朋友如果選擇現在吃的話，可以得到一份點心（例如餅乾、棉花糖，或自選的零食），如果願意等一下的話，則可以得到兩份點心。要得到兩份點心，小朋友被規定要坐在一個房間裡大約二十分鐘，點心就放在前面，直到實驗人員回來房間為止，到那時，願意等的人就能得到兩份點心。孩子是願意等待以獲得加倍獎勵，或是立刻就想得到獎勵，他們表現出的差異極大。這項有名的實驗後來被人稱為「棉花糖實驗」。

這項研究最令人著迷的地方，是研究人員日後仍持續追蹤這群孩子長大的歷程。孩子是否能夠等待以獲得更多獎勵，可以從中看出孩子日後的人生表現。能夠坐在房間裡等待的孩子表現較好，他們的大學入學考試 SAT 成績分數較高，青少年時期的社交和學業表現也較好。他們比較能抗拒誘惑，較為擅長於專注、預想、做計劃。到了二十歲前後，使用毒品的情況較少，教育程度較高，BMI 也比較低。這些孩子比較擅長處理壓力和挫折感，在追求自己的目標上表現也較好。

棉花糖實驗已經在世界各地重複多次，幾乎都得到類似的結果。這些從孩子幼年期追蹤到成年期的研究都得出類似的結論：幼兒時期測量到的自律性能夠預測他們各種不同的人生成就。舉例來說，紐西蘭進行的一項知名長期性研究就追蹤了一千名在一九七〇年代初期出生的兒童，從他們出生時開始，追蹤了五十年之久。研究人員發現一個人在童年時期的自制力，跟身體健康、毒品問題、個人財務狀況和犯罪傾向有關，而跟孩子的智力和社會階級無關。自制力甚至還能用來判斷家裡的情況，手足間自制力較高的人取得的成就優於自制力較低的人。

孩子是不是有辦法等待以獲得第二顆棉花糖，為什麼像這種簡單的事能夠透露那麼多他們未來的人生呢？小孩肯定是愛吃棉花糖的，這對父母來說是什麼意思呢？

棉花糖實驗之所以能夠看出那麼多事情，是因為這個實驗測的是孩子的自律性。自律性指的是一個人控制自身行為、情緒和注意力的能力。高自律兒童有可能會耐心地等待雙倍獎勵，而低自律兒童有可能想要在研究人員離開房間之前就大快朵頤！

自律性還有很多種說法，自我控制、行為控制、衝動控制等。自律性低的兒童通常被形容是衝動的或容易分心的，自律性高的兒童則被認為是謹慎或可靠的。我比較喜歡採用「自律性」（effortful control）一詞，原因是：(1)這個詞的英文是以e開頭，就跟另兩種特質一樣。我喜歡對仗工整，而且這樣比較容易記憶性格的三E特質：外向性（Extraversion）、情緒性（Emotionality）和自律性（Effortful Control）；(2)自律一詞，點出自我控制是需要主動做出努力的。

自我控制是件難事！若非如此，則我們每年都能輕易達成新年新希望，現在都已經變成夢想中的自己了。由於自我控制是受到遺傳影響的，對某些人來說就是比其他人難做到。我們在自律性維度上落在什麼位置，要看遺傳到什麼樣的基因。如同棉花糖實驗所顯示的，自律性可以在兒童的發展早期就展現，而且其表現非常穩定，不過好消息是自律性也是具有可塑性的。我們是可以想辦法發展天生缺乏的技能，只是那需要……主動的努力。對於那些孩子熱愛棉花糖的父母來說，這表示還有希望，我們可以做些事情幫助孩子發展自我控制的能力。

自律性的腦科學

一個人主動控制其行為和情緒的能力，跟大腦中兩個重要區域有關。第一，是大腦的邊緣系統，有人將之稱為「熱情腦」。這個區域位於腦的深處，屬於大腦最基礎、原始的部分，掌管情緒、反射性和潛意識。這個部分的大腦對「去吧」的指令極有反應，會對情緒的刺激產生快速的強烈反應，特別是痛苦、樂趣和害怕。我們一出生的時候，邊緣系統就已經能完全發揮功能了，這就是為什麼嬰兒在肚子餓或是不舒服的時候很快就會哭。嬰兒不需要學習如何引起注意，他們憑本能就知道該怎麼做。這個部位經過人類歷史長久以來的高度演化和適應，熱情腦從我們人生一開始就已經準備就緒了。這也是為什麼幼兒的自制力那麼低，因為只有熱情腦是已經高度發展的，他們就像是一台沒有附上煞車的熱火小引擎。

煞車則要來自腦的第二個區域，也就是構造比較複雜的前額葉皮質，這個部位位於額頭後面的位置。前額葉皮質的發展比較慢，要過二十五歲才會發展完全（有些證據顯示，男孩的前額葉皮質發展成熟會比女孩晚，這對女性來說可一點也不驚訝）。這個又稱作「冷靜腦」的部位，牽涉到比較多省思和繁複的決策功能。有趣的是，保險公司比科學家還早「發現」人類的腦部發展要到二十多歲才會達到持平的穩定狀態。保險公司的數據顯示，車禍發生比率在二十五歲之後就會驚人地大幅降低。這就是為什麼青少年的車險保費會這麼高，而且不到二十五歲不可以租車。[21]大腦的前額葉皮質發展完全成熟的時候，就能夠進行複雜、高層次的思考方式，像是做計劃、做決策等等，能夠幫助抑制衝動，這些都有助於開車時減少車禍的發生。

更進一步來說，前額葉皮質能幫助我們將滿足的感受向後推遲，去追求更長期的目標。這是大腦中最複雜精細和高度發展的部位。所有的兒童在年紀漸長，前額葉皮質逐漸發展以後，都能顯現出較好的自律性。不過兒童能夠發展出「多少」自律性，則要視個別的大腦構造而定。

我們天生性格中附帶的自律性，跟我們的「冷靜腦」與「熱情腦」有多活躍有關。

棉花糖實驗中，選擇當場吃掉一顆棉花糖的孩子跟願意等待雙倍獎勵的孩子，大腦看起來截然不同。選擇立即享受棉花糖的孩子，熱情腦區域表現得較為活躍，特別是誘惑的刺激物就在眼前的時候。他們大腦中掌控樂趣、渴望和立即獎勵的部位占主宰地位。另一方面，能夠耐心等待更大獎勵的孩子，前額葉皮質的區域較為活躍，那是掌控做計劃和複雜決策過程的冷靜腦。換言之，很快就吃掉棉花糖的小朋友腦中有台強力的小引擎，而願意等待兩顆棉花糖的小朋友腦中則有如裝了煞車器。

雖說「熱情腦」有時候被人冠上莫名其妙的罪名，但熱情腦在很多情況下都非常重要。我們要靠這個部位指揮大腦發出「打或逃」的指令，幫助我們做出當下、即刻的決定。經過數萬年演化的「熱情腦」，對我們老祖宗面對世上各種生存挑戰的時候至關重要。在古時候，人們在遭遇野生動物時是否具備快速反應的能力以便能保存小命，比計劃蓋好一座舒適安居的洞穴重要多了。現今，我們已經不需要面對遭遇獅子突襲的場

21　譯注：美國可以考駕照的年齡視各州而定，普遍來說，只要滿十六至十八歲，就可以拿到沒有限制條件的駕照。

面，但仍然需要立即做出決定以躲避傷害，例如遇到入侵者時要跑，看見蛇要趕緊躲避，有東西朝你飛過來時要閃躲。大腦最好能在瞬間做出反射性的決定，而不是在緊要關頭還弄不清該怎麼做。熱情腦在危急的時候能夠救我們一命。

對生存和繁殖來說具有重要性的事物，也會導致熱情腦做出反應。食物與性都會帶來獎勵性的感受，熱情腦喜歡這種感受，還會主動尋求這種感受。所以大腦會提醒我們記得要吃，讓人類能夠持續繁衍後代。大腦生性就會追尋獎勵，注意眼前的需求，這樣的功能非常重要。

但是，對當下的渴望做出回應也會惹上麻煩，特別是充滿各種誘惑的現代世界。熱情腦傾向於偏重「現下、立刻」，而現今的世界存在著許多「現下、立刻」的誘惑。要尋求立即滿足並不是件難事，現在就想吃餅乾，這樣比較開心，可是這會造成體重上升。跟朋友出去玩比較開心，可是這會害你學校作業寫不完。繼續睡懶覺比去健身房開心，但長期下來對健康不好。熱情腦過度活躍跟肥胖和上癮有關聯，而後兩者正是因為難以控制衝動所導致。熱情腦具有許多重要的功能，但也會造成問題。

此時就是「冷靜腦」要派上用場的時刻了。冷靜腦能幫助我們計劃未來，做出困難的決定，幫助達成長期目標。延遲獎勵並不會帶來立即的滿足，所以這需要牽涉到思考。當熱情腦說：「我要吃棉花糖！」冷靜腦卻說：「等等，如果我現在不吃，長期下來對我比較好。」冷靜腦會幫助孩子抗拒誘惑，不要在沙發上跳，因為你告訴孩子不要這樣做，要是這樣做的話他們就麻煩大了（即便跳沙發是那麼好玩……）。等孩子長大一點，冷靜腦就會幫助孩子向朋友的邀約說不，這樣才能夠在家讀書準備隔天的考試，考到好成績，進入理想的大學，找到好工作，賺比較多錢，擁有穩定的財務狀況……要把整個流程全都想通實在太複雜了，還不如讓熱情腦說：「好，我要去玩，派對我來啦！」

自律性跟各種各樣的正面人生成就有關聯，將目光放遠、計劃未來的能力在許多方面都對我們有益。這種能力能幫助我們做出將獎勵推遲的艱難決定，卻能在日後幫助我們取得更大的獎勵。這有助於去追尋各種不同的目標，無論是跟健康、家庭、學業或工作有關。並且能阻止我們做出會惹上麻煩的事。可嘆啊，孩子的大腦就是還沒充分發展，所以這方面的能力還很低微。

了解自律性的多種面向

自律性在孩子的身上會如何表現，跟其他性格維度有關，也就是外向性和情緒性。低自律高外向兒童比較衝動而輕率，英文諺語形容行為魯莽的人就像是進入瓷器店裡的蠻牛，這類型孩子就是蠻牛。他們會為了要在朋友面前「愛現」他有多厲害，而從樹上跳下來。讓我們來預言一下這類孩子的未來：高外向低自律的孩子喜歡被人圍繞，由於天生缺乏自制力，所以容易在青少年時期給自己惹上麻煩。青少年時期，同儕關係變得越來越重要，因此熱情腦更有可能會刺激他們去追逐樂趣。對青少年來說，會把派對看得比讀書更重要，因此更有可能沾染酒精或發生未採取保護措施的性事。不過現在孩子還小，可能你擔心較多的是孩子跌斷手臂，進出急診室之類的。

與前面相反，低自律高情緒兒童特別容易撒潑、鬧脾氣。他們很容易生氣，也不懂要如何控制這些強烈的情緒。事實上，因為情緒性跟一個人控制情緒的能力有關，高情緒兒童的自律力較差，並非罕見之事。幸好，高情緒低自律兒童只要學會提高自律性，管理情緒的能力就會改善，也比較能跟父母一起合作找出解決問題的策略，這點在前一章已經談到。等到孩子的前額葉皮質自然成熟，自律性也會提高，進而改善管理情緒的能力。無論如何，時間都站在你這邊。

同時別忘了，低自律的人並非在所有情況下都是如此，他們在某些情況下可能具有較佳的自制力。自律性有幾種不同的層面：有時候需要讓自己有動力去做某件事（早起去健身房），有時候要讓自己停止做某件事（不再去拿第二塊蛋糕）；有時候要堅持繼續做某件無聊的事（工作、付帳單等），而有時候要讓自己不做出事後後悔的事，無論是在心情好（例如獲得升遷的當天放縱自己度過一個糜爛的夜晚），或是心情壞（跟老闆大吵一架）的時候。孩子的自律性在不同的情境下也會產生不同的表現。

一般而言，我們會對其他人能夠貫徹行為規矩這件事過分高估。想想看前一章提到的，高情緒孩子通常都是因為某些事件觸發了情緒反應，孩子並非時時刻刻都是情緒化的。低自律的人通常較不擅長應付某些特定情境。舉例來說，低自律孩子或許可以乖乖寫完學校作業，但要是遇到在床上跳來跳去，或是在家裡亂衝這樣的機會，他們就失去控制力了。又或者低自律孩子可能一般而言都會聽從父母的指令，但要是讓他們看到令人興奮的事物，就會像枝箭一樣發射到馬路對面找朋友去了。

與自律性有關的挑戰，大致上可以區分成兩種基本類型：

難以「停止」去做想做（但不該做）的事情。

難以「開始」去做不想做（但應該做）的事情。

「停止」的挑戰：就像是孩子在生日派對上撒野，把布置品都推倒之類的事情。「開始」的挑戰：就像在遊戲時間快到尾聲，要把玩具放下。

這兩種挑戰都跟「此刻」（一個人現在想要的東西）的情狀比「未來」（或許長遠下來是最好的）還顯著有關，特別是對低自律兒童來說更是如此。克里斯多福在派對裡跟朋友跑來跑去玩得很開心，以至於沒有想到把擺玩具的桌子撞翻時會有什麼感受，禮物的包裝都弄破了，每個人都盯著他瞧，又或是闖禍的當下被爸媽責罵，像這樣的難堪，在這名小朋友滿屋子跑還邊撕禮物的包裝紙時，是遠遠想不到的。伊莎貝拉玩洋娃娃玩得很開心，以至於她不想要放下娃娃，下樓去吃晚餐。她正專心致志地假裝幫小貝比洗澡，以至於當爸媽失去耐心，從餐桌起身走進她房間，發現娃娃的衣服都還躺在地上的時候，她完全想不到爸媽有多生氣。

幸好，假使孩子自律性低，無論有問題的是哪一種類型，同一套策略都能幫助孩子學會更多的自制力。原因是所有需要自律性的情境，都是藉由「想想未來」和試著「把未來的後果拉到此刻」這兩種技巧發揮作用。有些人天生就能輕易做到（就是高自律的人），但其他人就需要在口袋裡收進一些小技巧，來鍛鍊自制力了。

發展自律性的策略

發展自律性的關鍵，是要讓它不那麼辛苦。

還記得低自律孩子的熱情腦是偏重「現下、立刻」的嗎？意思是當父母叫他們不來，或當父母要求的時候無法停止亂跑，孩子並非一定故意要違逆父母或視而不見。孩子的熱情腦著重在當下，而冷靜腦還沒能夠有效思考之後會出現什麼後果。

幫助孩子發展更多的自律性，祕訣在於引導孩子了解一些基本的道理，用這些來推孩子一把，而不是用來針對他們（以及對你）。要利用孩子特別發達的熱情腦，做冷靜腦該做的工作。要達成這個目的，必須誘騙孩子的熱情腦把更多注意力放到未來，少一點注意力放到此刻。正如設計出棉花糖實驗的心理學家沃爾特・米歇爾（Walter

Mischel）所說的：你要點燃未來，冷卻現在。要把未來帶到此時、此地，也就是低自律孩子的面前。接著，要想出方法來抑制現在的誘惑。接著要來詳談以下每一項的自制力策略：辛苦少一點、點燃未來、冷卻現在。

開始之前，先分享一點能夠振奮人心的知識給家有低自律兒的父母：因為遺傳因素導致自律性低的兒童，也會因為大人的介入而獲益最多。換句話說，那些自律性最低的孩子，會在採行正確的策略之後，表現出最大的進步。那麼我們就開始嘍。

辛苦少一點

如何把某件要費力才能做到的事情變得輕鬆一點？

答案是，自動化。

「當○○就××」計劃是達成這個目的的關鍵。要發揮自律性之所以那麼難（不管是父母還是孩子），是因為在那個當下，真的很想要做某件事（或停止做某件事）的時候，熱情腦會出來主宰大局。對低自律孩子而言，父母毫無機會用理性勸說尚未發展完全冷靜腦的孩子做出最好的選擇。「當○○就××」的計劃，就是讓冷靜腦可以不需要出來指引孩子採取最佳行動。「當○○就××」，就是連思考的必要都一併消除。

「當○○就××」計劃很簡單，就是：當○○發生，你要做的就是××。我們要讓熱情腦探測到這個觸發的情境，然後完成工作。「當」鬧鐘響，「就」要起床。「當」媽媽要我穿好鞋子，「就」要穿好鞋子。將通常會發生自律性崩潰的情境，連結上預先計劃好的回應動作。每一次這個「當」的情境發生時，要拿「就」的動作來回應，連想都不用想，不容許自己在當下做出任何其他決定。當○○發生，就要××。時間一久，這會變成習慣，也就不再需要自律性了。

成功的關鍵，是要瞄準幾種你希望能盯著孩子做好的行為。這個「當」可以幾乎是任何事情，可以是一種內在的觸發事件（當我開始生氣；當我變得很興奮）或是外在的觸發事件（當媽咪或爹地要我過去；當我在街上看到一隻狗，很想要拍拍牠）。至於「就」，也幾乎可以是任何想得到的事情，那屬於一種從屬情境。關鍵在於，要先想好一種你和孩子都能接受的行動，而且是可以解決自制力不足的行動。

只要是孩子自制力不足的情況，都可以拿來作為「當○○就××」計劃的情境，只是你們關注的問題情境一次要限制在少數一、兩個就好。我們無法一次解決孩子所有的自制力問題。切記，目的是把徹底思考的這個元素拿掉，讓孩子的大腦發展出自動化反應。如果孩子一次要記一個或兩個以上的「當○○就××」計劃，一次就要記住的重要事情會變得太多。

讓孩子排演和練習，做越多，他們會越擅長。「當」鬧鐘響起時，我「就」要起床。「當」我進了家門，「就」要脫掉鞋子。

從列出孩子自律性有問題的事項開始，還有要記住，低自律會以幾種不同的方式表現出來，因為自律性是一個人控制其行為、情緒和注意力的能力。低自律在不同孩子身上，表現的方式也不同。以下這張表列出幾個兒童自制力較低的共同項目，其中有許多情境都是孩童感受到強烈情緒的時候。兒童自制力低落，通常是感到受挫、生氣、難過、無聊，或是過度興奮的時候。強烈的情緒容易啟動熱情腦，難怪理性思考的能力（也就是冷靜腦）會妥協。所有人都是這樣的，有一次我在心煩意亂的狀態下吼了孩子，因為修理師傅說好要來家裡但遲到了一個小時，這毫無疑問是我的不對。

孩子自律性較差的共同情境：

- 難以完成無趣的任務（收拾玩具、幫忙家事、刷牙、換好衣服等等）
- 難以管理好強烈情緒（生氣、受挫）
- 難以停止手邊的活動去做另一件沒那麼「好玩」的事
- 冒險行為（例如：從高處跳下、衝進海裡）
- 抗拒誘惑（例如：零食、被規定不准碰的東西）
- 過動（滿屋子跑、一興奮起來就活力過剩）

記得你一次只能專注於改善少數幾項問題。先挑出最讓你受不了（或是最在意）的第一名或前兩名，要你列出孩子自制力差的事項應該不是難事，問題是要列出的事項實在太多了。有些父母就告訴我，「問題實在太多了，我不知道要從哪裡下手好！」記錄日誌永遠是個試圖處理孩子行為的好方法，追蹤記錄你觀察到孩子有自制力問題的事項，然後先選出最頻繁發生的、最棘手的，或有可能是最危險的。如果你是那種手機不離身的人，不妨用手機快速地記錄每一次事件。

當你發現孩子難以做到的事項時，跟孩子一起找出並說出觸發的原因。這樣做就是在跟孩子找出那個「當○○」的情境，別忘了前面說過的，情境的觸發事件可以是內在（情緒）或外在（某件事發生）的。以下是幾個例子：

- 「當」我的兄弟姊妹把我弄得真的很生氣時
- 「當」某件不公平的事發生時
- 「當」我感到精神百倍時
- 「當」我的鬧鐘響起時
- 「當」媽媽叫我時

再來談談「就××」的行動。如果孩子的「當○○」情境跟強烈情緒有關（生氣、受挫），「就××」的行動必須能夠幫助孩子冷靜下來（等一下在「讓此時變得更冷靜」一節會談到更多）。例如做一點深呼吸，或是讓孩子回房間做一點靜態、平靜的活動（像是畫圖或讀繪本）。如果孩子的「當○○」情境跟精神太飽滿或過動有關，則「就

××」的行動必須採用一種可以讓孩子發洩精力又不會造成不良後果的合宜方式：

- 我「就」要做開合跳[22]
- 我「就」要緩慢地深呼吸幾口氣
- 我「就」要回房間畫畫

爸媽的「當○○就××」計劃也可以融入「開始做某件事」的行為，像是：「當」爸媽叫孩子的名字時，孩子「就」要把手邊的事情放下然後過去。「當」兄弟姊妹搶走孩子的玩具時，孩子「就」要告訴爸媽，而不是打手足。「當」爸媽說刷牙的時間到了時，孩子「就」要立刻進入浴室刷牙。爸媽的「當○○就××」計劃，必須是你想要跟孩子一起努力進步的特定事項。

明確地向孩子表達，實行「當○○就××」計劃時：每一次的「當○○」發生，孩子必須立刻去做「就××」的動作。不可以發問，不可以有例外。

---

22 譯注：原地分腿跳起、兩臂上舉擊掌後還原的跳躍動作，經常用於運動前的熱身。

最後，是當孩子遵行「當○○就××」時，要給予獎勵。（為什麼自律性會放在最後才講是有道理的，這一項將前面章節談到的所有原則全部融會起來！）記得要熱情且立即地獎勵孩子：「寶寶做得太棒了，我一說你馬上上樓去刷牙欸！」

啟動「當○○就××」計劃，需要和孩子一起演練。要孩子假裝遇到「當○○」的情境，然後立刻進行「就××」的動作。然後給予獎勵，再重複演練。記得，你是要讓這個行為變成自動反應，所以要一次又一次地演練，這會幫助大腦在「當○○」和「就××」之間建立一個新連結。

舉例來說，如果孩子的「當○○就××」計劃是：當媽媽叫我，我就要立刻停下正在做的事然後到她面前，那你就要孩子回到房間假裝玩玩具，然後你叫孩子的名字，讓孩子練習立刻停下正在做的任何事，到你面前來。如果孩子願意，試著讓他把行為做得更誇張一點。譬如女兒正在玩扮家家酒，你可以要她丟下手邊一切道具，然後跑向你。如果兒子正在玩比劍的遊戲，你可以要他把手上的劍從半空中丟下，然後用光速朝你奔跑過去。給予獎勵的時候，要像啦啦隊表演那樣誇張地讚美孩子，「哇，你看看你跑得多快！」

如果孩子的「當〇〇就××」是：當孩子真的很生氣的時候，「就」要做五次很慢、很長的深呼吸，你要敦促孩子練習。假想一種過去曾讓孩子突然暴怒的情況，告訴孩子想像一下那種感覺，「你覺得你越來越生氣，越來越生氣，好像快要爆炸」，接著，提醒孩子要做「就××」行為。當孩子順利完成演練，立刻給予獎勵，讓這個練習變得好玩。別忘了，熱情腦喜歡樂趣，所以把「當〇〇就××」這一連串動作跟正面感受連結起來，會有助於鞏固這項行為。

你可能會留意到，「當〇〇就××」策略和前一章講到為高情緒兒童制定的問題解決策略，兩者有許多雷同。「當〇〇就××」策略可以套用於任何類型的自制力難題，不僅限於控制情緒而已。對於難以控制行為或難以控制注意力的兒童而言，這兩種策略都同樣有效。

把未來變得更「熱情」

另一項幫助提升自律性的訣竅，是把發生在未來的負面後果提前。孩子之所以不在父母要求的時候立即停止玩玩具然後換上睡衣，是因為正專注於此刻的樂趣。孩子沒法「往後」十分鐘思考忽視爸媽的話的後果，是爸媽走進房間發現，睡覺時間到了而完全沒有任何動靜的時候，爸媽會氣得冒煙。還記得嗎？熱情腦專注的是此刻。因此，你要孩子此刻注意到的，是未來會發生的後果。要做到這一點，需要孩子想像未來發生的感受，若是發生在「此刻」會是什麼樣子。

大人光是用想像的，就可以做得不錯。當你的另一半要你幫他做點事情，就算其實你不想，但腦中恐怕還是會有一個小小的聲音告訴你，忽視他的請求實在很無禮，而且你不想要互相吵起架來。這正是前額葉皮質運轉後得到的結果，冷靜腦會幫助你思考一連串合乎常理的後果。如果你其實很想再看一集《摩登家庭》（*Modern Family*），但實在需要一個振奮起來去洗衣服的理由，大概就會想到要是再不洗的話，明天全家就沒人有乾淨的內衣褲可穿了。

然而，兒童沒辦法做那麼複雜的思考，尤其是低自律兒童。所以父母必須出手，讓未來的後果在「現下、此刻」產生更加強烈的存在感。要將未來後果連結更多的情緒，可以用角色扮演的方式來呈現。角色扮演有助於帶出做了錯誤決定後連帶產生的強烈負面情緒，用來提醒孩子，最好不要變成那樣。這會給他們一種「情緒預演」，啟動孩子的熱情腦。

這要怎麼做呢？先回到伊莎貝拉身上，這個小女孩在爸媽叫她的時候不想停止玩玩具。先由爸爸或媽媽坐下來跟伊莎貝拉好好談談她的行為，並說明雙方該怎麼做，親子共同建立一個「當○○就××」的計劃。接著，爸媽說，「我們來想像一下，當你不願意停止玩玩具的時候會發生什麼事。」伊莎貝拉大概會回答：「爸爸（或媽媽）會很生氣」，「沒錯，那我們來假裝這個情況發生。」媽媽要依莎貝拉假裝她在玩玩具，然後媽媽叫她的名字，但依莎貝拉仍然繼續玩（根據計劃）。媽媽假裝很生氣，走進伊莎貝拉的房間，嚴厲地告訴伊莎貝拉她很生氣，而她會實施這種情況下通常會處分的後果：「小妹妹，我已經告訴你不可以假裝沒聽到媽媽叫你！現在去樓梯間，你要被隔離了。」

再舉另一個例子，若孩子年紀比較大，就要孩子想像他們待在房間裡本來應該是要做作業，卻開始玩起手機。你假裝走進房間，發現孩子玩手機，你就嚴厲地說：「你說在做功課，但是卻在玩手機，等一下你不能去朋友家玩了，要寫完作業再說。」重點在於，要讓孩子想起他們不聽話所造成的後果，會感覺糟糕至極。孩子不喜歡那種感受，不喜歡接下來的後果。角色扮演可以讓孩子直接且逼真地感受到後果。

重要的是，在角色扮演之後，要針對該種情境演練「當〇〇就 ××」計劃，孩子做到了該做的行動之後，就要給予孩子大量的讚美。「好棒呀，我一叫你就立刻過來了！」「太好了，玩遊戲之前你都做好功課了！」

要是你覺得：「假裝生氣，對孩子不是很殘酷嗎？」別忘了，孩子知道這是假裝的。即便如此，角色扮演仍舊能引發情緒反應，這會幫助孩子學到日後要主動控制他們行為。讓孩子透過「假裝」來學到後果，總是好過於遭遇真的後果，畢竟真的後果會讓每個人都不開心。「當〇〇就 ××」的演練和完成後的大量讚美，整套練習可以在正向的氛圍下結束。此外，聽話和不聽話的對比（我沒留心應該做的事，感覺很差；但要是我做到了，感覺就會很好），也會加強孩子心裡的印象：做出不同的決定會導致非常不同的後果。這會幫助孩子學習自律，這是一項父母能夠教導孩子的重要人生技巧。孩子會學到，決定要做出什麼選擇，會主導他們的人生成就。你沒辦法幫孩子做那些選擇（雖然你很想），但從這裡就可以幫著推孩子一把，引導他們做出好的決定。

讓此時變得更冷靜

另一種提升自律性的方法，是採取「冷卻當下需要」的策略。技巧如下：

移除誘惑。很多人會使用這種方法，不管是對我們自己或對孩子。這種方法的用意在於藉由安排好所處的環境，周邊出現的觸發因素會變得比較少。舉例來說，我不買洋芋片，因為我發現只要打開來吃，很難不一次嗑光一整包。我們家從不把餅乾罐子拿出來放在外面，因為孩子看到就會鬧著要吃餅乾。如果你去接孩子放學，知道孩子會求你在遊戲場暫停一下，但你們沒有時間，那麼就選另一條路回家。當誘惑如此接近眼前的時候，實在很難抗拒，對低自律的人來說更是難。移除誘惑恐怕是減少自制力掙扎最簡單的方法，但只有在某些情境才有效。譬如去參加派對，難免有大盤的洋芋片擺在你附近！孩子也會遇上類似的情況，那是他們無法控制的環境。所以，父母終究還是需要幫孩子鍛鍊強健的自制力。

創造分心的機會。當移除誘惑無法辦到時，讓孩子分心是另一種好做法。我們事實上常常對孩子這樣做。當孩子吵著要某樣東西時，我們說：「看，有粉筆欸！我們來畫畫！」改變孩子注意力的方向，一直是很好的做法，對年幼的孩子尤其有效。「當○○就××」策略對他們來說可能太困難。底線在於，如果你能夠避免「當○○」的情境（也就是觸發情境），就是最容易的狀況了。可以在YouTube上搜尋到棉花糖實驗的影片，你會看到這些幼童採用許多引人發笑的伎倆讓自己分心，像是別開臉不去看、用手指打鼓、做鬼臉，或是雙腳互相拍打，不管是什麼，只要讓他們不去想棉花糖就好！

當一隻牆上的蒼蠅：「從旁看自己」。學習如何抽離目前的感受，以旁觀者的角度來觀察感受，能有效減少痛苦、增加福祉，許多療法和做法的核心概念就是如此。這是認知行為療法的核心概念，也是許多心理問題最具成效的療法之一，正念也是同樣的道理，而有越來越多佐證顯示這種做法有非常多好處。學習在情緒的強度中把自己抽離，以客觀的角度來觀察這些情緒，幫助自己度過當下難以承受的強烈情緒。

孩子也會經歷到難以承受的強烈情緒。教導孩子跨出心裡的自己，重新審視當下的情境，這是一個教導孩子學習管理情緒，並提升自律性的方法。對於孩子，你可以要求他們想像自己彷彿一隻停在牆上沒人注意的蒼蠅，正在一旁觀察整個事件如何發展。一般來說這對當下的情況不會有幫助，但是對於「事後分析」該情況有助益。這種做法看起來像這樣：

父母：「我們來想想看，昨天晚上我要你準備好上床睡覺，可是我們卻爭辯了起來，到底是怎麼了？你先想像你是一隻停在房間牆上的蒼蠅，你看到了整件事情發生，告訴我蒼蠅看到了什麼？」

對話的時候，要引導孩子。該如何做並沒有對或錯，但重點是要孩子用客觀的角度說出每個人在做什麼和感受到什麼，也就是要孩子試著描述每個人的行為和情緒。

父母：「蒼蠅看到你在做什麼？」

孩子：「我在玩玩具。」

父母：「蒼蠅看到我在做什麼？」

孩子：「你在外面叫我要換上睡衣。」

父母：「蒼蠅看到你接下來做了什麼？」

孩子（心虛地笑）：「我還在玩玩具。」

父母：「然後怎麼了呢？」

孩子：「你走進房間。」

父母：「結果蒼蠅看到媽媽怎麼了？」

孩子：「罵我！」

父母：「媽媽看起來感覺怎麼樣？」

孩子：「生氣。」

父母：「為什麼你覺得媽媽很生氣？」

孩子：「因為我沒有做你叫我做的。」

父母：「然後蒼蠅又看到了什麼？」

孩子：「我開始吼回去。」

你還可以試著加入一些幽默：「哇，這隻蒼蠅真是倒楣欸，你看我們害牠聽到別人吼來吼去的！」

這個「牆上的蒼蠅」活動，重點是幫助孩子學習如何採取多重觀點。這樣做能動搖他們自己的觀點（老實說，許多人都容易陷在自己的觀點裡），並幫助孩子看清兩邊的立場。研究顯示，退後一步，試著以第三者的角度來觀察情境，能夠幫助孩子（和大人）克服生氣或受傷的情緒。幫助孩子不會被卡在當下，繼續前進，對男孩、女孩都有效，對來自各種背景的兒童也都有效。用不同的角度來看事情，會讓我們都獲益。

制定「當下冷靜」的策略。需要自律性上場，但孩子卻沒法發揮自制的時刻，若準備好一些讓孩子能夠冷靜的策略絕對是個好主意。父母需要這些策略，孩子也同樣需要。給予孩子一項口袋技能，讓他們感到快要失去自律性的時候，能夠輕易地拿出來用。這項技能可以作為「當○○就××」計劃的一部分。冷靜策略包括：深呼吸、從一數到十、握緊拳頭好似在擠檸檬，也包括像是稍事休息，或是立刻做個現成的靜態安撫活動（閱讀、著色、聽音樂），幫助孩子找回控制力。跟孩子一起想想看哪些適合他。例如我兒子討厭擠空氣檸檬這個動作，他覺得看起來有夠荒謬，甚至還會加倍激怒他，這對他無用。相反的，他發覺自己一個人回房間，倒在懶骨頭上，比較能讓他冷靜下來，恢復自制。

幫助孩子建立自律性，父母可以做的其他事

到目前為止，已經討論了具體的策略，可以幫助改善孩子的自制力問題。不過還是

有些一般性事項廣為人知，會影響孩子主動控制行為的能力，父母可以在這些方面幫孩子一把。那就是：

吃好、**睡好**、**心情好**。每個人在不餓、不累的時候，自制力都比較好，這一點不管是在兒童或成人身上皆然。在某些層面上是我們都知道的道理，但有時候，往往最簡單的事最受人輕忽。健康的睡眠和飲食習慣讓我們保持在自己最好的狀態。讓孩子維持規律的就寢、起床時間，建立標準的晚間例行公事，避免睡覺前進行刺激性活動或使用3C，這些都是促進孩子充分休息的好方法，早上起床後就能準備好表現出他們最佳的行為。當購物結束，包括孩子在內的所有人都累了的時候，即使你真的很想再硬擠出一件待辦事項，勸你還是放棄為佳。不要輕易跳過一餐不吃，車內隨時放些健康的點心應急（我在手套箱裡放了一大堆，不過大部分都是我在吃），這些都是能使歲月安穩的好方法。

監督壓力程度。壓力對腦部發育造成重大影響。壓力會啟動熱情腦，逼迫我們進入打或逃的模式。經常處於壓力狀態下的兒童，熱情腦會出現過度活躍和高度警戒的狀況，使兒童更難以學習控制衝動和發展自律性。當世界還到處都是危險，處於難以預測的狀態時，演化賦予熱情腦掌控大局的地位。

因此，父母該做到最重要的事之一，就是讓孩子感到安全、安心和被愛。在你能掌控的範圍內，讓孩子的世界更穩定，更可預測。家裡上演激烈爭吵或家庭暴力、不可信任的大人、鄰居是危險人士，這些都會使兒童難以培養思考和計劃的能力。反之，這迫使他們得拚命著眼於此時、此地。如果父母在能力範圍內盡量減少孩子生活中慢性、強大的壓力來源，對孩子大有好處。

鼓勵自主性。減少壓力的意思並不是要你掌控孩子所處環境的每個層面。事實上，過度保護孩子會傷害他發展自律性。父母必須支持和鼓勵孩子的自主性。孩子是從嘗試和後果中得到教訓，來累積自律性的技巧。就跟孩子在學校考代數一樣，要培養良好的自制力並不是父母能夠幫孩子做到的事，孩子必須自己學習。所以，你要給孩子機會練習和累積自律性。孩子不一定總是做對，但他們會做得越來越好。

例如孩子可能會問你，做功課前是否可以玩遊戲，你心裡懷疑他們是否有辦法從遊戲中收心，轉換成要認真做功課的狀態。不妨就讓孩子嘗試看看吧，這就是給予孩子機會去練習自律性的技巧，或許結果會讓你驚訝又欣喜。至少在最小限度上，給孩子一個嘗試的機會，你省掉了許多可能從訂立規矩而產生的推託、爭辯和憤怒。要是沒有「通過考驗」，孩子就會知道還需要努力，這同時也創造了一個和孩子共同對話的機會。

容許後果自然發生。兒童學習自制力的其中一種方式，就是從後果中習得教訓。對父母來說可能不太容易，因為父母通常覺得自己的角色就是要保護孩子。但是，如果「保護」孩子不去承受行為導致的後果，事實上會造成長遠的傷害，因為孩子的大腦無法建立行為和後果之間因果關係的連結。舉個例子，假設孩子上學前心不在焉，忘了帶書包去學校，你最好不要幫忙送到學校。一天上學沒課本不是世界末日，而且體驗到這種不便以後，會讓孩子日後更加專心收拾書包。孩子需要學習什麼樣的選擇會伴隨什麼樣的後果。容許後果發揮它該有的效果，讓孩子學會好的選擇導致良好後果，不好的選擇導致糟糕的後果。幫助孩子建立行為和後果之間的連結（無論好壞），這樣他們就會開始建立基本的認識，明瞭他們有力量影響結果。

要知道何時進行損害控制。有些任務真的超出了某些孩子表現自律性的能力範圍，此時容許後果自然發生並不是個好做法。如果孩子在某件特定事項的自制力很低，並且會造成問題的話，最好還是要有正確的損害控制：孩子既然無法表現出所需的自制力，應該要想辦法將損害降到最低。為什麼游泳池旁邊要設立圍欄，為什麼在海灘上你一定會緊盯著牙牙學步的幼兒，正是因為如此。小小孩（或低自律兒童）並沒有可靠的自制力來做出好的決定（例如，他們在跳進水裡之前，並不會仔細想過還不會游泳）。有時候父母就是要扮演保護者的角色，不要期望他們足以面對挑戰。相同的道理也可以套用在比較小型，不具有生命威脅的自制力任務。我學校有個教授發展心理學的同事，她女兒一歲的時候曾經歷一個會持續亂丟食物的階段。她的家人曉得不可能要求這麼小的小孩控制衝動，所以能做的只是把廚房的餐桌移到遠處，以確保所有含沙發坐墊的家具都在射程以外，而他們就是想辦法哄她把食物留在餐盤裡。

提供自律性的示範。兒童會透過觀察來學習，由於兒童的腦部還在發展自律性（有些人快，有些人慢，高自律孩子的父母真是幸運！），我們可以透過許多可用的資源來幫助孩子學習如何自制。如果用谷歌搜尋「關於自制力的童書」，會找到上千則這方面的故事，不妨讀給孩子聽，這些故事的目的都是幫助孩子了解什麼是自我控制。如果你很會講故事，還可以創作一則故事，裡面的小孩各有程度不一的自制力，來講給孩子聽。二〇一三年和二〇一四年播出的《芝麻街》，就是諮詢棉花糖實驗之父沃爾特・米歇爾之下製作的。這兩季的節目主題是幫助孩子學習自我控制的策略，孩子會看到餅乾怪獸學習如何控制想吃餅乾的欲望。講出活潑生動的故事，可以慢慢地幫助孩子建立行為選擇和結果的連結。

玩自律性的遊戲。許多受歡迎的兒童遊戲事實上都能幫助孩子發展自制力。玩「紅綠燈」的時候，遊戲者自起跑線出發後，只能在聽到「綠燈」時往前進，聽到「紅燈」就得停止移動。「紅燈」指令下仍在移動的人，就得退回到起跑線。另一個「老師說」的遊戲，會有一個人當「老師」，其他人就要做出「老師」要求的指令（例如「老師說摸鼻子」、「老師說單腳跳」），但是前面必須加上「老師說」，指令才有效。如果「老師」只是說「摸鼻子」，卻有人做出動作的話，就算是輸了。這些遊戲都能讓孩子學習控制衝動，而最棒的地方在哪裡呢？孩子會玩得開心，甚至不會意識到他們在練習自我控制的技巧！

以身作則，親身示範自律性。兒童也會透過觀察來學習自律性，而觀察父母就是最快的捷徑。當孩子惹毛我們的時候，我們怎麼回應？當我們體驗到強烈情緒的時候，這些情緒也會啟動熱情腦，導致我們按照當下的反應行動，而不是經過思考後才行動。就跟孩子一樣，我們天生的自律性也都不一樣。省思自己哪些地方的自制力有待加強，是值得花些工夫的課題。思考一下你的觸發事件是什麼，特別是關於孩子的。當孩子挑戰到你的自律性時，如果能事先準備好要如何回應的計劃，是明智的做法。慶幸的是，所有談過的技巧，對大人也都有用。「當〇〇就 ××」計劃、冷靜策略、學習從情緒中抽離，這些都是能夠幫助自己成為更好、更沉穩的父母。

我自己承認，有非常多次在處理兒子問題的時候，讓我的熱情腦發作了，我們都有過自律性低落的時候。有位好友不久前告訴我，就在美國多數地區漫長的在家隔離生活終於即將結束之際，她有天正要檢查女兒應該已經寫了一整天的功課，但一打開來竟然發現作業是空白一片。她在盛怒之下盤問女兒，經過好幾個問答回合，得到的答案是「可能」電腦沒有把寫好的作業存下來，我朋友最後竟然忍不住脫口而出：「告訴老娘你的作業到底在哪裡！」

縱使有時我們做了精心的計劃，還是沒辦法自持以待。這就是人生啊，這也是孩子需要學習的重要功課。如果你忍不住發了脾氣，事後感到後悔的話，要誠實告訴孩子。跟孩子談談那時是怎麼一回事（等每個人都冷靜下來以後），就跟孩子表現不好時，你會做的一樣。可以把這事件當成機會教育，讓孩子了解我們都難免犯錯。而犯錯時，我們要道歉，接著就可以放下歉疚，試著在以後做得更好。這是一個能以身作則的方法，示範給孩子看如何建立自律性，讓孩子能夠學習。

是否可能出現自制力過度的現象？

一般而言，能擁有自律性是好事，如同前一章提到的，它跟許多正面的人生成就有關聯。不過有時候，自律性太高的孩子可能會「過度自制」。這些孩子的性格傾向於自我控制，可能導致他們過度謹慎，不願意冒任何風險。過度自制的孩子可能會變得頑固、不願妥協。當計劃有變的時候，他們會難以接受。高度的自制力可能導致跟其他沒那麼看重規則的孩子發生衝突，導致跟同儕相處不睦。

如果你有個高自律孩子表現出這類傾向，可以帶領孩子改善他們遭遇難題的領域。溫和地挑戰你謹小慎微的孩子，讓他們去嘗試新事物。從小型的事件開始，對孩子踏出舒適圈的行為給予讚美。如果孩子的固執已經造成問題，要採用第 5 章講到情緒性時討論過的問題解決策略。如果孩子是因為其他自制力較低的孩子而感到受挫，把這當成機會教育，讓孩子了解個人差異，每一種性格都有優、缺點，包括像是願意冒險這樣的事。跟孩子一起思考各種好處、壞處，這樣孩子就更能認同每個人有不同的個性。

到底該不該吃棉花糖？

隨著本章進行到這裡，或許讀者會想：「為什麼趕快大口吞下棉花糖會是那麼糟的事呢？」畢竟，就像那句有名的拉丁文諺語說的，我們要「把握今天」（carpe diem）啊！

實際上，在某些情境下，立刻把握直接送到眼前的機會確實是比較有道理的。當環境具有不確定性，又或者不確定對方是否會信守實現未來獎勵的承諾，確實，俗話說一鳥在手勝過十鳥在林，還不如先抓住手中這隻鳥（我是說棉花糖）再說！不過事實上，棉花糖實驗的研究者發現，那些比較能夠等待的孩子，曾經有過別人承諾了什麼結果說到做到的體驗。如果你沒有理由相信有人說他等一下會給你兩顆棉花糖，趁還有機會的時候先吃掉一顆是可以理解的行為。

有時候，當機會浮現時趕快抓住是比較有利的，企業的CEO和領袖人物通常屬於願意冒風險之類衝動性質較高的個性。但在情境當下快速地「跟著感覺走」也可能會惹上很大的麻煩。很多人吸毒、賭博、進行不安全性行為，或是吃下一整包洋芋片都是如此。很多時候，當下去做我們想做的事，通常長遠來說都不是最好的。所以，沒錯，某種程度的冒險和把握機會是好事，關鍵是要找到正確的平衡，並學習承擔「計算過」的風險，而這正是自律性發揮作用的地方。願意承擔風險所帶來的好處不會因而消失，但會幫助個人有所控制。

性別差異

前面幾章當中，沒有談到太多性別上的差異。那是因為大部分的性格特質並沒有性別上的差異，不過，自律性是例外。以群體來看，女孩在自律性上可以拿到的分數比男孩高（我想任何的男孩媽媽都會這樣說！）。這也能驗證在學校裡觀察到的情況，一般認為女孩比男孩更專心、聽話，能夠表現出更高的自制力。女孩可以坐在座位上專心的時間比男孩久，女孩也比較能夠完成該做的作業。跟控制衝動有關的障礙（例如：兒童時期的注意力不足過動症和攻擊性，成人時期的吸毒問題），好發於男孩的比例也是高過女孩。目前，尚不清楚這種行為控制上的平均差異是否與生物性或社會性的差異有關，可能就跟多數情況一樣，兩種原因皆有。即便如此，還是不得不指出，雖然女孩的自律性平均優於男孩，但在兩種性別上的分布都是呈現鐘型曲線，也就是位於兩個極端的人數較少，多數人都是位於中間位置。

總結

所有孩子都有自制力的問題，才剛答應你不會打弟弟妹妹，下一秒鐘就打了。孩子會忽視你說玩完玩具要整理、收好的要求。他們會在家裡踢足球，然後打破你新買的檯燈。如果有人要做一張「孩子做什麼會使父母抓狂」的清單，缺乏自制力鐵定名列前茅。

這使得父母如此沮喪，有部分是因為覺得孩子應該可以聽話，卻選擇不聽話。畢竟，孩子才剛隨著你複述：「手不是用來打人的」，或是「分享就是愛」，之後又馬上出現壞行為。這叫做「期望落差」，因為父母認為小孩還年幼的時候就可以達到較高的自律性，但是腦部發展的研究結果顯示則否。換言之，僅僅是因為孩子能忠實地複誦你訂下的規矩，並不表示孩子的大腦已經有能力遵守這些規矩。孩子的熱情腦能完全發揮作用，但是冷靜腦還要長久時間才會發育完全。這使得要控制孩子的衝動真是一件難事。除此之外，每個孩子的大腦都隨著獨特的基因密碼，擁有不一樣的構造。低自律孩子終其一生會屬於比較偏重熱情腦的狀態。

這一章講述了幫助孩子學習自律性的策略，但效果不會一蹴可幾。「當○○就××」計劃可以使用在優先程度較高的問題項目，但別忘了，我們的對手是有數萬年歷史的大腦演化工程。孩子的大腦傾向於對「此刻、現下」做出反應，特別是自律力低時。要訓練孩子形成自動化的行為反應需要花時間，而且就算孩子逐漸累積了自律性，還是有可能出現失誤。

此時，就輪到父母鍛鍊自己的自律性了。深呼吸幾口氣，提醒自己，孩子的大腦還沒「完工」。我們要有基本的認知：孩子並不是故意表現壞行為，孩子的大腦就是還在發育，這可以成為我們隨手且好用的冷靜策略。孩子還小的時候，實施冷靜策略有助於讓我維持在理智狀態：即使已經講第十遍了，我牙牙學步的孩子還是要從學步椅裡面出來。同時也顯示出，為什麼對孩子說教甚至大罵並不是教導孩子提升自律性的有效方法。那完全不會讓孩子的腦部發育更快速，而且，因為孩子做不到能力以外的事而處罰他，只會讓孩子感覺自己很糟糕。棉花糖實驗中，大部分四歲以下的孩子都沒辦法等待第二顆棉花糖，有些孩子（無論幾歲）的個性總是想要立即得到棉花糖。爸媽們，繼續努力將孩子推向更好的自律性吧，即便孩子已經把你的推向極限了！

重點整理

- 自律性指的是一個人控制行為、情緒和注意力的能力。這是受到遺傳影響的，發展的早期階段就會表現出來，不過這種能力具有可塑性。
- 主動控制行為的能力與腦部兩個重要區域的發展有關，這兩個部位分別是「熱情腦」（邊緣系統）和「冷靜腦」（前額葉皮質）。熱情腦注重「現下、此刻」，而冷靜腦則與做決策和計劃有關。

- 冷靜腦需要長時間才能發展完全，這就是為什麼多數兒童都有某種自制力的問題。低自律兒童就算長大以後，還是會偏重使用熱情腦。
- 有幾項策略可以幫助孩子發展自律性，包括：「當○○就××」計劃、後果的角色扮演、冷靜策略。
- 孩子並不是故意要違抗命令，而是大腦比較偏重「現下、此刻」，記住這一點，有助於加強你與孩子周旋時的耐心（並訓練你的自律性）。

第7章

認識你和另一半的教養風格

現在，你已經深入了解孩子、孩子的天賦密碼，以及腦部運作的方式。你也更深入地了解你自己、你的天賦密碼，以及自己腦部運作的方式。你也學會如何運用這些知識來創造親子的適配性，也就是能夠靈活地調整教養，以配合孩子的需要，幫助他們成長為更好的自己，並減少家裡不必要的壓力和爭吵。

不過在孩子的生活中，重要的成人恐怕不止你一個。孩子生活中其他重要的成人，像是另一位共親父母、重要的另一半、照顧者、祖父母和外祖父母、老師、教練等，在建立適配性上也扮演了重要的角色。這些人對於教養，以及該如何塑造和管教孩子恐怕都有自己的想法。在這一章當中，要討論你該如何和孩子生活中其他的重要成人進行對話，建立適配性，以及該如何處理各個照顧者不同的教養風格和信念。本章首先要討論你和其他共親父母（co-parent）[23]之間的對話，在這裡我使用「共親父母」一詞，用來泛指另一位和你共同承擔親職，在教養孩子方面扮演重要角色的成人。第二個部分則要特別來談孩子在學校的狀況，以及如何和老師建立夥伴關係。本章第二部分也可以用於跟孩子的教練和其他兼職照顧者的身上，後者像是鐘點保姆，對孩子的生活也會產生重要的影響。

探索共親教養

如果你已婚或已經有固定伴侶，你的配偶或那位重要的另一半毫無疑問地，就會在管教孩子和照顧孩子每日作息的工作上扮演重要的角色。如果你們家的情況跟許多家庭很類似的話，雙方教養孩子的哲學應該不盡然是同一步調。如果你沒有再婚，或你現在的伴侶不是孩子的生父／母，那麼要在教養上達成共識會更加困難。有些家庭會有其他重要的人共同居住在一個屋簷下，例如祖父母或大家庭的其他成員，這些人也都算是孩子的養育者。在這裡，我會使用「同伴」（partner）一詞來概括這許多類型，他們是教養你孩子的其他成人。

要是孩子生活中的其他重要成人，跟你在教養上的想法大不同怎麼辦？或許他們成長期間接受的是嚴格的紀律教育，認為順應孩子的需要是某種新世紀的飾詞，其實不過就是軟弱罷了。或許他們堅持某種教養方式才是「對的」，不相信父母可以順應性格各異的孩子，有彈性地改變教養風格（我會建議你買這本書送給他們作為起點）。或許你的高情緒孩子脾氣發作的時候，你的同伴說孩子需要的就是更多紀律。或許你的同伴認為就是因為你沒有給孩子訂下規矩，孩子才會出現鬧脾氣或不可接受的行為。父母其中

---

23 譯注：「共親父母」（co-parent）的意思是共同承擔撫育子女義務的父母，意即共同分享親職的父母，尤指作為非親生父母或不與小孩同住的父母。

一方認為另一方太過放任，但另一位認為是對方太嚴格或不知變通，這種情況也非常常見。你要如何摸索這些很可能造成家裡另一種壓力來源的差異，找到一條出路呢？

且讓我們先暫退一步，先來回顧針對各種教養風格的研究。

了解你的教養風格

心理學家在討論教養風格的時候，會用兩種指標來評估：溫情（與回應度有關）和要求（與控制和嚴格有關）。這兩種指標也是一種程度性質的衡量法，由高至低。落在這兩種指標上的父母，會產生四種不同的教養「風格」，我們一般給予以下的名稱：威信型（Authoritative）、放任型（Permissive）、袖手旁觀型（Univolved）和專制型（Authoritarian）。

低要求

放任型「只要你想要，什麼都好」
- 有限度的指引
- 規矩很少
- 寬容
- 期望低
- 避免對立
- 溫情／友善

袖手旁觀型「你要靠自己」
- 規矩很少
- 期望為零
- 不善溝通／沉默寡言
- 缺席
- 沒興趣
- 衝突的優先事項

高溫情

低溫情

威信型「我們來談談」
- 期望高
- 標準清晰
- 溫情
- 善於溝通
- 富彈性
- 有回應

專制型「照我說的做」
- 規矩嚴格
- 沒有彈性
- 期望高
- 要求
- 無商量餘地
- 溫情不多

高要求

資料出處：Fernando García and Enrique Gracia. “Is Always Authoritative the Optimum Parenting Style? Evidence from Spanish Families.” *Adolescence 44, No. 173* (Spring 2009): 101–31.

威信型父母在溫情和要求兩項指標上屬於高度。這型父母會給孩子訂下高期望和清楚的標準，用溫情關愛的態度向孩子表達期望。他們會制定規矩，並解釋規矩背後的理由。能夠接受孩子對於目標和活動有自己的意見。

放任型父母的溫情度是高的，但提供給孩子多是有限的指引和方向。這型父母沒有那麼多規矩，當孩子違反規矩的時候也比較寬容。放任型父母比較想要跟孩子做朋友，他們沒那麼嚴格，會讓孩子自己去搞清楚一些事情。會關愛和呵護孩子，但不會給孩子訂下高標準要其遵循。

專制型父母跟威信型父母一樣，在要求指標上都是高的，但他們缺少溫情。給孩子訂下嚴格的規矩後會付諸執行，幾乎不容許孩子有意見。規矩不可以有例外，違反規矩會得到懲罰。跟孩子商量事情被他們視為不可接受之事。溝通不是沒有，只是那是從父母到孩子的單向溝通，孩子應該要遵守規矩，不許有疑義。專制型父母比較缺少溫情和愛護的感覺。

袖手旁觀型父母不管在溫情還是要求方面都屬於低度。他們願意讓孩子想做什麼就做什麼，不會給予太多指示，也沒有什麼界線。親子溝通很少，父母也沒有什麼規矩或期望。他們要不是在孩子的生活中缺席，不然就是被其他優先事項給占據了注意力。極端情形下，袖手旁觀型父母是疏於親職的父母。

以下我們來看看，在一些典型的教養情境中，不同的教養風格會如何表現出來。五歲的小伊森正跟著母親一起購物，伊森覺得媽媽購物怎麼那麼久，他快要不耐煩了。他把喝到一半的鋁箔包果汁往地上一丟，果汁把整個地面濺得到處都是。以下就是不同型的父母可能會有的反應：

威信型父母（以溫和但堅定的聲音）：「伊森，我知道我們購物很久，你累了。但我們必須買東西回家，這樣晚餐才有東西吃。我們之前對丟東西是怎麼講的？不可以，你不可以在生氣的時候丟東西。好，現在地上都是果汁，你要怎麼辦？」

放任型父母（淘氣地看了伊森一眼）：「伊森，你知道不可以這樣，我知道購物很無聊。我們趕快買完回家，我們回家吃晚餐。」

專制型父母（音量提高，用嚴厲的口吻）：「伊森，這個行為是絕對不可以的！等我們一回家，你就要回你房間，不可以吃點心！」

袖手旁觀型父母：完全沒注意到伊森把果汁丟在地上。

快轉到十年後，讓我們來看看另一種情境。十五歲的伊森在超過門禁十二點時才回到家：

威信型父母：「伊森，我們談過你的門禁時間，你應該曉得現在已經是半夜了。如果你沒有好理由，這種行為是不可允許的。我們之前講好了，因為你超過門禁才回家，明天晚上不能出去跟朋友玩。我們最好一起來想想，有什麼辦法能讓你記住時間到了就要回家。」

放任型父母：「伊森，下次不要那麼晚回來，好不好？」

專制型父母（提高音量）：「伊森，晚回家是不允許的！你在想什麼？不可以違逆父母的話，你被禁足了，直到我說結束才可以結束。」

袖手旁觀型父母：伊森根本沒有門禁。

隨著你讀完上面的情境，或許會辨認出其中有些可能是你會對孩子講出的話。你習慣採用哪一種教養風格？雖說可能每一種風格當中都有一點你的影子，但應該有其中一種跟你最相像。你可能也發現自己會採用不同的教養風格，無論是在不同情境、對不同的孩子，或是在孩子人生的不同時刻。第 1 章講過，父母會出現什麼樣的回應，通常是為了要因應孩子的行為。舉例來說，父母為了嘗試抑制「壞」行為，高情緒兒童可能招致父母做出專制型的教養。接著，因為似乎所有管教都無法奏效，父母開始放棄，就會出現比較接近放任型的教養。

一般咸認威信型教養對孩子的發展是最好的。威信型父母會制定合宜的界線和限度，同時還能敦促孩子從錯誤中學習和培養自行思考的能力。威信型教養同時具備溫情和控制，已經有無數研究發現這種教養與數種正向兒童行為成果有關，其中包括較佳的學業成果和社交能力，較低的攻擊性、焦慮、憂鬱，行為問題也比較少。

我們來細細解讀一下威信型父母對小伊森丟果汁的行為所做出的回應，來看看為什麼這對孩子的發展特別有益。「伊森，我知道我們購物很久，你累了（對孩子表現同理和重視他們的感受）。但我們必須買東西回家，這樣晚餐才有東西吃（說明他們需要做的事並解釋這個活動之必要）。我們之前對丟東西是怎麼講的？不可以，你不可以在生氣的時候丟東西（提醒孩子曾經講過這個問題，把家庭規矩再說一次）。好，現在地上都是果汁，你要怎麼辦？（讓孩子必須對其行為負起責任並修正，不帶貶損孩子的態度。將孩子不合宜的行為視為錯誤，而不是指出孩子不乖。要孩子一起參與，想出彌補錯誤的辦法。）」

當然，大人用什麼樣的方法處理丟果汁事件，並不會因此成就或毀了一個孩子。在教養的路上，我們都曾有過失控的時候。我的孩子一定總要又哭、又鬧、又纏擾個不休，直到我受不了而大吼：「因為我是媽媽，我說了算！」（這完全不具備任何威信型父母的特質）。但總的來說，許多研究發現長期採用威信型教養風格，與一些孩子的正面成就有關聯。

不全在於你

不過這裡有個難題，教養也會反映出我們自己受遺傳影響的獨特天生氣質，這對每個參與教養過程中的人都是如此；性格會影響孩子如何看待我們的教養，我們把自己視作是什麼樣的父母，如何看待同伴的教養方式，以及同伴如何看待我們的教養方式。每個人獨一無二的遺傳性格也會影響我們如何感知孩子的行為，以及看待某些行為是否有問題（或沒問題）。

讓我們來一一破解這些命題。首先，你和同伴可能不會一致都認為孩子的行為是有問題的。在兒童發展研究中，研究人員經常需要接收不同人士回報同一個孩子的行為，包括父母、老師、其他照顧者等等。其中有一項一致性的發現，孩子生活中的成人所看到孩子的一般行為，不見得是一樣的。有部分原因可能是兒童在不同人面前和不同情境時，會有不同的行為表現。每當我兒子朋友的爸媽告訴我，我兒子有多乖、多禮貌的時候，我總是震驚得難以相信：等等，你講的是「我兒子」嗎？我多希望能見識多一點那種行為！我懂，許多父母都有過這樣的經驗。老師盛讚你的孩子用功好學守規矩，你心想他是不是搞錯人了？要當循規蹈矩的「乖孩子」對孩子來說可是非常累人的，特別是當某種情境要求他們的舉止違背天性時。這就是為什麼孩子在學校可以表現得乖巧順從，但一回到家就像爛泥般散掉，因為他們知道家是「安全」的，就算沒有表現得最好還是能得到父母的疼愛。

不過另一個原因是每個人對同一種行為可能會產生不同的感知，我們曾在第 2 章討論過這一點。我有個兒童心理學家的朋友，她製作了一份跟她年幼女兒天生氣質有關的問卷，讓她先生和保姆回答。她告訴我，問卷結果顯示他們在照顧的似乎不是同一個孩子！兒童心理學家湯瑪士．艾申巴赫（Thomas Achenbach）就是研究不同人如何感知同一個孩子的行為，他在這個領域得到相當顯著的成果。他在一項實驗中檢驗了兩百五十份報告，這些報告是由多個消息來源回報同一個兒童的行為，消息來源包括媽媽、爸爸、老師、同儕、心理健康專業人員，以及兒童自己。這項研究發現，在雷同的情境下跟兒童相處的報告者（例如共親父母）比較常對兒童行為做出相同的評價（關聯性平均達0.6分），高於在不同情境下跟兒童相處的人（關聯性平均僅達0.28）。至於兒童對自己行為的報告，與其他人的關聯性只有0.22！整體來說，這項研究的結果清楚地指出，同一個孩子的行為在不同人眼裡，感受大不同。

所以你和同伴之間在意見上的分歧，首先出現在孩子是否有某項行為，以及該項行為是否造成問題的定義上。不過下一個分歧點，則可能牽涉到同伴間如何看待另一個人的教養方式。這意思是你或許認同你的教養方式，但同伴（或孩子）的體驗跟你以為的不同。你可能覺得自己是個溫情的父母，對孩子訂下了清楚的界線和期望，但同伴（或孩子）則不這麼認為。

跟你的同伴試試做這個練習：拿兩張紙，畫出前面介紹的教養座標軸。你們要在各自的紙上，分別點出認為自己和對方分別在兩條座標軸落在什麼位置。這樣，每一位共親父母／同伴可以用這種方式來評價自己和對方。畫好以後，比較一下你們的落點位置一樣嗎？你所認為的教養風格，跟對方的有多相近？

我跟我兒子的父親做出來的結果簡直令我大吃一驚，兒子還小的時候，我們倆在教養上發生過許多衝突，但在評價自己的時候，我們倆都一致認為絕對落在威信型教養的象限裡面。在這四個象限裡，我對自己的評價是溫情度較高，要求度較低，他則認為他的要求度較高，溫情度較低，不過無論如何，我們倆都認為自己是「理想」的威信型父母。

但我們對彼此的評價就不是這麼回事了，我認為他屬於專制型父母，而他認為我是放任型父母。換句話說，我們倆同意我的溫情度較高，他的要求度較高，但對於另一方在溫情和要求所表現出的程度上，我們的看法出現分歧。他認為我太溫情，沒有訂下足夠的規矩和界線（即放任型），我則是認為他太嚴格，只看重規矩，沒有足夠的溫情（專制型）。

誰才是對的呢？

當然是我了，我可是博士呢！

好啦，這只是玩笑話。儘管認為我評分是完全誠實的，還是花了很長時間思考，認為我在「客觀上」對於如何當個最好的父母這件事擁有更正確的觀念。如果你也是完全誠實檢視自己，或許會發現，你通常會認為自己的做法是「對」的。我們會認為自己的做法是最好的，因為那反映出大腦的運作，對我們而言，認為實情就是那樣。

這就是為什麼教養會如此困難了，每個人都戴上自己的眼鏡看世界，對事物的判斷隨著根深蒂固的觀點而產生。在真空狀態下教養想必簡單多了，但在真實世界裡，涉及此過程的每個人對於是什麼構成了愛、界線、獎勵、後果等等事物，其認知都有潛在性的異同。

如何彈同調

那麼，當你和同伴的落點位置差異很大的時候該怎麼辦呢？可以利用以下的做法，作為對話的起點。輪流向對方提問，解釋你們各方對於同伴的教養有什麼看法。

是什麼讓他們認為你比較沒有溫情？或要求比較高？每一位同伴都要嘗試提出具體的問題讓其他同伴回答，以便導向他們的看法。

為什麼他們認為需要建立更嚴格（或更少）的規矩？為什麼他們願意表現出更多（或更少）彈性？

當你們進行這類對話時，記得要遵循以下五個步驟，讓對話更有建設性。

傾聽同伴的觀點。這場對話的目標，不是要說服對方相信他們的方法是錯的，也不是要勸服他們採取你的觀點，而是要了解他們的做法是基於什麼原因。當同伴在分享例證的時候，不要打斷對方，搶著說為什麼他們對事物的解讀是錯誤的。這時候，你的職責是「真正地」聆聽另一個人，試著理解對方的觀點。我們跟觀點不同的人對話，當對方講話的同時，我們幾乎都是在心裡想為什麼他們是錯的，以便擬定等一下反駁的時候要怎麼說。或許這個技巧在辯論比賽上是有效的，但並不能拉近雙方的距離，促進團結有力的教養關係。或許你不會同意對方說的所有事（或任何事），但至少結束對話時，會更了解對方的想法。而這正是你一開始的目的：了解對方的觀點，並不是為了要決定或討論對或錯。你只是要傾聽和了解而已。

試著找出共通點。共通點是開始共同合作的起點，你們在哪些事情上是有共識的？或許彼此都同意跟孩子建立溫情的關係是重要的，只是對你們個別來說那代表的意義不同。或許彼此都同意某些程度的規矩和設定界線是必要的，只是你們對於該是哪些規矩、該如何執行有不同的意見。或許你們都不喜歡孩子鬧脾氣，或是某項孩子展現的特定行為。無論你們找到什麼樣的共通點，都從這裡著手。

列出你們的不同。把事物「指名」出來會有很大的力量，英文諺語的「房間裡有隻大象」，是用來比喻某件極為明顯卻被當事人刻意略過不提的事物；要消除這隻大象，需要花上一番工夫。在寫這份清單時，要使用以「我」為開頭的陳述句，來表明在教養風格上的差異。舉例來說，不要說：「你從來不在莎莉大鬧時管教她」，要說：「我認為孩子必須面對後果，來學到我們對孩子的期望在哪裡。我總是不見你對孩子以後果處分」。給你們的差異之處列表時，無須遲疑，隨時提出「為什麼」的問題，以便持續了解對方的觀點。重點在於，要記住任何一方都無須與對方爭論其觀點對錯，只是將你們的不同之處寫下來而已。

擬定計劃，解決歧見。現在你們已經列出一張共通點的清單，也就是對孩子都有的期盼或憂慮。也寫下了你們在教養孩子上有哪些差異。前面章節中，提到如何跟天生氣質不同的孩子建立適配性，利用這些觀念，試著擬定幾項你們都同意執行的行動。或許你的同伴還沒準備好要更動對付孩子情緒性的管教策略，但他們願意嘗試「當○○就××」計劃，來改善孩子的自律性。把適合孩子天生氣質的建議教養策略做成一張表單，跟同伴一起討論，找出其中有哪些是他們也願意一起執行的。如果裡面有對方強烈反對的，先暫時擱置，從你們倆都同意的地方開始。

評估和重組。身為科學家和研究者，我討厭這樣說，但教養既是一種藝術，也是一種科學。是的，我們可以運用研究結果作為指引，但即便已經盡力嘗試，不知會在何時出現而影響孩子行為結果的潛在因素有百百種，研究人員不可能通通納入考慮。兒童行為是多種複雜因素下的產物：遺傳天性稟賦所表現出的多種特質、家中的環境、孩子生活的鄰近地區、文化背景、學校、同儕、手足、生活中的成人、孩子在環境中體驗到的事件。兒童是複雜的生物，教養的複雜度也沒有相差多少。

教養也可以說是衡量程度上的差別，它在某種層面上也有點「情人眼裡出西施」的味道，這意思是有很多方法都可以讓你當個「好父母」：只要是在威信型象限裡，你可以使用不同的規矩和策略。事實上，由於每個兒童都有自身的獨特天性，父母應該要配合在該象限中移動位置，對不同的孩子採取不同的策略。「教養沒有唯一的正確方法」，延伸出來的意思就是，我們可以用不同的方法來實施本書闡述的教養策略。教養就是一種嘗試錯誤的過程。

「孩子很複雜，教養也很複雜」，把這條真言記起來，這對你和伴侶一起擬定教養策略時會發揮作用。還有，沒有人在客觀上是「正確」的，記住這一點，你就比較能夠妥協，和對方共同找出雙方都能接受的策略。另外，訂好了策略，並不是永遠不能再改。你們要同意訂好的策略，以便能嘗試、執行，然後評估成效如何。這就是科學能幫到你的地方。就算你對同伴想要採用的策略無法全心支持，假設它不會對孩子造成身體上的傷害，你還是可以設定一個試行期間，在這期間的尾聲重新評估該策略，然後重新組織。你也得給孩子足夠的時間去適應新規矩。還記得嗎？孩子在面對新事物或規矩改變的時候，容易使性子鬧脾氣，所以應該容許至少幾個星期的時間，讓孩子進入狀況，看看結果如何。最後就是你必須視結果而定，進行必要的調整和配合。

同意「不同意」的聲音

了解同伴對教養的意見，不表示你必須同意這些。你或許能夠了解對方的觀點及其來由，但你可能還是會認為你的方法「比較好」。強逼對方接受你的意願，可能導致家裡產生你不想要的緊張關係，與其這樣，有時候最好的做法是同意我們能有「不同意」的聲音。是的，父母雙方在教養策略上取得共識是最理想的狀態，但即使父母能夠在原則上取得共識，也並非表示接下來就一帆風順，事實上我也見過感情非常好的伴侶，在教養實務上出現歧見。對於許多人來說，另一半的教養方式和自己不同調是很難接受的事。

實際上，有時候對某個父母奏效的方式不見得適合另一位父母。你的伴侶可能想嘗試實施同一種策略，但因為天生的性格跟你不同，對孩子的感受也不一樣。孩子是很精明的，很快就能搞懂大人們各有不同的風格和個性。他們一直在學習，無論是有意識或無意識，知道在不同大人面前可以怎麼樣調整自己的行為。事實上這是一個很重要的人生技巧，所以，如果你和同伴在策略上有些差異的話，不要擔心。

我前夫和我是耗費一番力氣後，最後才找到某些兩邊家庭都可以貫徹遵守的規矩和策略（我兒子兩邊住），其他方面的事情則是按個別的教養風格自行執行。我這一方希望兩邊家庭能共同實施更多的貼紙卡和獎勵系統，對方則希望我在對付兒子的挑食問題上實施更加堅定的規矩。但是我們雙方都不想採用對方的系統，而且對我們兩邊的另一位父母都不適用。另一方面，我們雙方都強烈希望兩邊家庭關於家庭作業和娛樂媒體的對策必須一致，在這一點上我們就能夠訂出雙方都同意的規範。初期的時候，我經常擔心背負著親職角色的所有人沒辦法「忠實貫徹」（我心目中）理想的教養原則該怎麼辦，但最後，結果證明其實也還好。我兒子自己調適過來了，而且可以說，他的表現反而在不知不覺間把我們的教養風格變成跟一開始比較相似。

當孩子大一點以後，還可以讓他們一起參加教養風格的問卷，要孩子回答每一位父母的教養風格是落在什麼位置。我想你會得到令你大為驚奇的答案，不過先幫你心理建設一下，孩子的看法非常有可能跟你不同調。如果要跟孩子進行這個活動，記得要遵循一個頭號原則：這個活動的目的是要了解孩子的感知，不是告訴孩子他們錯了。

事實上這是滿困難的。我最近才跟現在已經十三歲的兒子做了這個活動，他給我的溫情度評分比我自己認為的還低，而他的理由雖讓我學到不少，但在我看來並非正確，也不公平。他竟然提到：「你還記得嗎？那次我摔斷手臂，可是你沒有帶我去醫院！」瞠目結舌的我得拿出每一分力氣才能遏止我不去說：「開什麼玩笑，你講的那一次正好是我出差欸！其他好幾百次我都陪著你去醫院或去看醫生，我的溫情度才沒有那麼低！」好吧，真心話，我「可能」真的脫口而出說了那些話。不過我應該這樣說：「你會這樣看我真有意思，你也知道，我沒辦法一直在你身邊保護你不受傷，成長過程難免會受一點傷。但我能做的就是確定你永遠不乏關愛，以至於當事情發生時，你知道我們會照顧你。這就是為什麼我認為自己是很有溫情的媽媽。」

這個活動的意義是要讓我們彼此分享觀點，但不表示你一定會認同，而是孩子的想法可能讓你深思作為父母的角色，所以別說我沒事先警告你。舉例來說，如果你對自己的期許是成為威信型的父母，但孩子覺得你是專制型，有沒有哪些方法讓你聽進更多孩子的意見呢？有沒有可能某些規矩可以多一點彈性，以至於能讓孩子參與你們做決定的過程呢？孩子把視你為專制型父母，也可能反映出你們敬重父母的家庭價值，會將這樣的價值留傳給孩子是可以理解的。不過前提是你不希望養出只懂得聽大人話的孩子，而是希望孩子也能夠學會自行思考。直言不諱的孩子可能會質疑你的規定，但是跟孩子聊聊你們的教養，有助於你們倆了解彼此的觀點。

還有，「讓你深思」並不是讓孩子來主宰你要如何教養。我很確定我青少年的時候，很希望我爸媽能夠再放任一點就好了，我把爸媽訂的規矩視為專制（門禁？為什麼要有這種東西！），不過他們是好父母，單純就是想知道青少年的女兒在哪裡、做什麼、跟誰在一起。作為一名發展心理學家（以及一名青少年的母親），我現在能夠用青少年時期缺乏的眼光，認同父母需要監督兒女的重要性。記住，孩子的大腦還在發育，所以想法可能隨著發展階段而有所變化。

講到隨時間發生變化，還需要考量另一個因素。孩子的天生氣質會隨著發展階段不同而有不同表現。這在孩子的成長期間，會在不同時期，跟不同父母（或其他成人）創造出不同的適配性。舉例來說，低自律的特質在幼兒時期可能導致許多騷動，家中許多物品遭到損壞。如果父母中其中一位花費許多心力維持居家布置，可能會感到非常沮喪，另一位則可能感受沒那麼深刻。但是，低自律到了青少年時期，可能導致孩子從事高風險行為，例如使用酒精或嘗試毒品，到了這個時候，另一位父母應該就會真切感受到這個令人沮喪的問題了。所以，如果發現你的天生氣質和孩子有點不合拍，又或者你偷偷羨慕孩子似乎跟另一位父母比較「合得來」，別忘了這種情況有可能隨時間發生改變。

幫助孩子適應學校的環境

孩子的天生氣質會影響他們在這個世間的互動，其中包括學校。孩子的遺傳性格對他們在學校裡的互動有很大的影響，不管是跟其他孩子相處、如何遵循學校環境的許多要求，或是和老師之間的關係。高外向孩子在學校很快就能交到新朋友，但低外向孩子需要多一點時間才能跟新同學熟絡起來。高情緒孩子可能比較難面對一整天需要從一項活動換到下一項活動，低情緒孩子則可能學到要待在教室裡，因為很多時間都要乖乖待在自己的座位上學習。此外，就如同不同孩子在性格上的差異會給家裡帶來不同挑戰一樣，學校裡有那麼多孩子，性格上的差異同樣帶來很不一樣的挑戰。

到了學校，孩子會面臨許多要求，他們必須面對其他孩子，學習什麼可以做、什麼不可以做；什麼時候可以講話，什麼時候應該保持安靜；什麼時候要坐在位子上，什麼時候可以移動。任何人只要花點時間在教室待一下，都能明顯看出每個孩子個性上的差異：搶著說出答案的孩子、靜靜坐著的孩子、可以專心聽老師講話的孩子、有容易感到無聊的孩子、可以一直坐在座位上的孩子、不斷把椅腳翹起來放下的孩子、很容易交到大群朋友的孩子，也有獨來獨往的孩子。

在學校的環境裡，個別差異會影響每個孩子的成就——學業和社交方面都是，而那會影響同儕和老師給他們的回饋。回饋不管是好是壞，都更進一步影響他們如何看待自己，以及如何與他人交流的經驗。他們是否認為自己聰明且討人喜愛？他們是否看待他人是友善且值得信任？

兒童的天賦性格對學習有直接影響，舉例來說，低自律孩子難以集中注意力在老師的授課上，也就比較難吸收教材上的內容。這也會間接影響孩子的學業，譬如孩子在課堂上是否經常作亂，會影響老師對學生的評價。甚至還會影響老師要選擇哪些學生去參加特殊學術計劃或贏得榮譽獎的決定。

學校環境有許多層面是老師無法掌控的，像是課堂裡學生的人數、課堂是否有充足的空間，以及學校要按照固定的行事曆安排例行活動等。但有一些事情是老師可以微調的，例如要怎麼安排教室（誰坐哪裡），要如何架構課堂活動（小團體型或大團體型的活動），要如何處理不同活動之間的銜接（有很多或是很少），以及老師要如何處理學生的行為問題。這些課堂上發生的差異會影響每個孩子在學校裡的適配性。舉例來說，某個老師喜歡大型的團體活動，會讓全班參與討論課程計劃，這樣的老師或許就很適合高外向孩子，因為這類孩子能夠自在地在同儕面前說話，成為眾人注意的焦點。低外向孩子則可能被淹沒在這些大型團體活動的群體中。反之，低外向孩子可能在完成自己的功課或是小團體活動中表現良好。再舉個例子，如果老師要求孩子一天中大部分上課時間都要好好坐在座位上，低自律兒童很難達到老師的要求，但如果老師在課堂上舉行大量活動，他們在不太受到拘束的情況下，表現就會好很多。簡單來說，「同一個」課堂對所有孩子來說都不同，對某些孩子比較速配，某些則否。在某個課堂容易鬧事的孩子，可能在另一個課堂上就表現很好。

當然，也不只是跟課堂的特性有關，跟老師也有關。老師也有自己的天賦性格，那會影響他們跟學生之間的互動和經驗。有的老師個性外向，充滿活力，也有老師屬於低外向，有些老師甚至個性孤僻。高情緒老師對於學生的壞行為比較難以忍受，也比較難以處理。不過也有老師能夠順應情勢，以平常心面對。對於不斷在課堂上「搶答」的孩子，可能有老師嫌煩，換成另一位老師也可能覺得崩潰，但或許有老師覺得這麼熱情回答的孩子很惹人喜愛。

老師和學生之間有時候會存在天生的適配性，有時候沒有。舉例來說，低外向老師可能會特別留心低外向學生，以免他們受到忽視。但對於高外向老師來說，可能不懂為什麼低外向孩子不多一點在課堂上發言，並假設他們沒有那麼好的學習動力或天賦。生活經驗也很重要。如果孩子的老師是跟一群粗魯喧鬧的兄弟一同長大，這個老師大概比較容易理解低自律孩子，也知道要如何管制他們，但換成另一個老師，可能會對這種行為抓狂。

有大量證據顯示，老師如何看待學生很重要。研究顯示，孩子的天生氣質跟老師給他們的分數有關聯性，而當老師在評分時的主觀性越高（相對於有標準答案的多選題，舉例來說），這種效應就越強。老師會對哪些學生是最「孺子可教」的，或是未來最大有前途的，形成既定的想法，這種想法影響他們給孩子學業成績的評價。

更進一步，孩子跟老師之間的互動，會影響孩子對自己無論是身為學生或是作為人的評價。給孩子大量負面回饋的老師，可能導致學生感到被否定，從而傷害他們的學習動力和自尊心。相反的，若老師能夠找出每個孩子的優點，鞭策孩子加強長處，改善短處，會對孩子產生重要的正面影響，幫助他們肯定自己的學習能力、動力，因此提升學業成就。

好老師曉得，留心孩子性格上的差異會對他們發揮助益。這能夠減輕壓力，並幫助孩子減少課堂上遭遇的挑戰，就像父母認同孩子的性格差異並協助調適，也會改善家裡的氣氛一樣。當孩子的天生氣質和環境產生錯置的時候，孩子容易出現不好的行為。對某些孩子來說，壓力源可能是課堂上一團混亂；而某些孩子則可能難以適應太一板一眼的教學方式。被老師點到名，要在同學面前說話這種情況，有些孩子沒辦法好好地回應，而有些孩子需要老師特地肯定他們的毅力和努力。就跟父母一樣，如果老師沒辦法肯定每個孩子的性格差異，而將孩子的行為（不乖乖坐在座位上，拒絕在課堂上發言等）視為是故意的，老師就比較容易處罰孩子。如果沒有了解孩子的天賦性格，老師就會將孩子看成是缺乏動力追求更好的表現或行為，而不是缺乏做到這些的技巧。

那麼，父母可以怎麼做呢？老師經常是過勞且薪資與付出不成比例的工作，特別是經過了二〇二〇年這場新冠肺炎疫情，父母突然經歷了一段要被困在家裡照料小孩功課的時期後，我想更多父母更能對老師心生感激。父母得跟自己孩子的性格搏鬥，但老師卻得面對一整間教室中性格各異的孩子，而且跟每個孩子之間的互動也都不同。更別說，老師每個學年還要迎接不同的孩子。此外，老師不只是負責將課業教材傳授下去，還要看顧孩子個別的情緒和行為問題。老師的工作真的很辛苦！

父母對孩子的了解一定勝過任何其他人，老師通常也會接納父母的看法。如果你認為孩子在學校可能會遭遇某些特定挑戰，千萬別怕跟老師說。最好在問題浮現前，就主動跟老師溝通。要把孩子天賦性格拿出來談，讓老師能夠意識到他們可能會遇到的問題。我都會試著在每學年開始的時候，利用合宜的學校論壇來進行這樣的對話。舉例來說，有些學校在開學前就提供「開放時間」，讓學生和家長可以認識老師，也有些學校在學期開始時舉辦親師會談。有些學校會寄表格到家裡要求父母填寫，如果有「任何應通知學校的注意事項」，要讓他們知道。利用這樣的機會讓老師了解，孩子的性格特質可能會影響他在學校的行為或表現。如果學校沒有提供這類機會，讓你可以跟老師一對一地對話，你總是可以寄封電子郵件或打個電話給老師，視老師偏好用哪一種溝通方式而定。

以下是幾個範例，示範我們可以如何進行這樣的對話：

「老師好，我女兒泰勒今年被分到你的班級。泰勒天生就很內向，我想先讓你知道，有時候她需要鼓勵才敢在課堂上發言。她在小組活動時都能表現很好，但是在全班面前要她舉手講話會害怕。」

「詹姆士是個精力旺盛的孩子，我們還在想辦法訓練他的自制力，有時候他實在會忍不住搶話或插嘴。我們發現他似乎比較難克制自己，如果有什麼比較動態的事情可以讓他做，他就能夠恢復注意力。譬如說，上一個年級的老師會要他去學校辦公室跑個腿，或是要他去教室後面整理報告。」

「布莉天生就是個很情緒化的孩子，她在感到受挫的時候容易惹出麻煩，我們發現有些事情可以幫助她在家冷靜下來，像是……」

透過這些對話，你能幫助老師了解孩子的天賦性格，並盡可能借助你在家裡的經驗，提供曾經奏效的辦法給老師參考。要注意，你不是在告訴老師要怎麼做，也不要期待老師一定要怎麼樣。老師（跟我們大多數人一樣）身上承擔了許許多多的要求，如果父母能夠基於提供有用的資訊幫助老師了解和對待孩子而和老師對話，老師就能採取更好的應對措施，但不要試圖告訴老師該如何管理整個班級。

有些父母不免會擔心，要是一開始就先跟老師對話，是否可能讓老師對孩子的印象染上一層顏色。事實上不管你是否先跟老師談過，老師遲早都要弄清楚孩子的性格（無論好或壞），採取主動總是比被動好。某些類型的性格可能會在學校裡造成麻煩，但許多情況下，在老師掌控下所做的調整有助於減輕這類挑戰。總之，父母先跟老師談過，有助於老師做好準備來支持孩子和孩子的成長，不至於最後給每個人帶來問題。

思考一下，孩子性格的哪些方面有可能造成對學校環境不適應？孩子能夠順利從一個活動過渡到下一個活動嗎？孩子很難乖乖坐好嗎？孩子容易受過度刺激嗎？孩子能夠適應大型團體活動嗎？主動跟老師談談孩子的個性以及學校生活可能哪裡有困難，跟老師一同合作，將這些問題的規模減到最低，能夠幫助孩子順利適應。無論如何，老師和父母終究都希望孩子在學校的生活能夠開心自在。不同的性格特質在學校裡會遇到什麼樣的挑戰？以下我列出一些常見的問題來幫助你思考，孩子是否可能有這樣的問題。

- 高外向兒童喜歡跟其他孩子在一起，喜歡參與新活動，他們在學校就像在家裡一樣如魚得水。但要是再加上自律性差，孩子可能很難控制自己不去「搶答」老師的問題或上課時跟同學講話。父母可以先跟高外向、低自律孩子先練習提高自制的技巧，跟孩子討論好，在學校的時候也有必要像在家裡一樣運用自制力的策略。
- 低外向兒童可能會在學校裡受冷落，特別是當班級的規模比較大時，而如果有比較多高外向孩子也在同一班，他們也比較不想發言。如果老師沒有留意到孩子安靜的天性，可能會認為孩子在團體生活中不活躍是源自動力或智力較低落。低外向孩子喜歡跟幾個要好的朋友在一起，而每學年都要重新分班，可能迫使他跟朋友分開而造成問題。
- 低自律兒童在學校容易遇到困難，因為學校裡經常需要孩子發揮自制力，像是要在座位上安靜坐好，專心聽老師授課，不可以跟朋友講話，不可以打斷老師等。和孩子演練自制力的策略能夠幫助他順利適應學校環境。
- 高情緒兒童可能會在學校裡遭遇好幾種挑戰。他們不擅長應付痛苦、受挫或恐懼的情緒，在學校裡容易遇到許多帶來這種情緒的情境。孩子的情緒容易受到哪些事件觸發？以此來思考學校有哪些特定情境讓孩子難以應付，例如孩子可能難以適應各種活動之間的變換，或很難參與讓他們感到不自在的新穎活動，像是校外教學或話劇演出等。

．這裡要特別提醒高情緒兒童的父母：有時候孩子在家裡的偏差行為可能跟學校的壓力源有關，即便這可能不是那麼快就能看出來。

當我兒子還在小學低年級的時候，有時候會有這種情況：我們早上在家都還很開心，可是當我帶著他走向車子要去學校的時候，他會突然把背包往家裡一丟，宣布不要去上學。看到這種情景我不禁目瞪口呆，「這到底是怎麼回事？」在我的感覺裡，這種情況似乎在我送他上學後就得趕赴重要會議的時候最常發生。不用說，在我又驚又怒（還要趕時間）的時候，我很難當個最好的母親。這個問題是一種反應，而不是主動的行為。

隨時間過去，我發現這種情緒會爆發，是因為他在我們走向車子的時候，突然想起某件跟學校有關，使他緊張的事情。有幾件會引起他情緒反應的觸發事件包括：他想到忘了做功課，他們班上要做一個他並不擅長的作業。而對於高情緒、低外向孩子而言，最糟糕的事情莫過於那一天班上要排練話劇。多年來我都會跟兒子的老師提及他對話劇的恐懼，以及他在家裡鬧出的大陣仗。用不著我多加說明，在學校的話劇之夜，我為了舞台上那顆看起來有點尷尬的「石頭」（沒錯，有一年他被選上演石頭）感到驕傲備至（和鬆了一口氣）。父母終究得接受孩子的原始模樣，雖然有時候那意味著縱使孩子演的是一顆石頭（而不是主角），你還是為他高興。

大多數的老師都會很高興父母試著幫助他們引導孩子順利度過學校生活，我說的是大多數，不是全部。就跟共親父母、祖父母和其他成人一樣，有些老師會堅持做法，難以苟同大人應對孩子行為的做法，不願意為不同的孩子彈性修改他們的教育風格。有些老師對主動和父母合作沒有興趣。當你遇到這樣的老師，而顯然這中間不存在很好的適配性時（不管是對你或孩子），你還是可以在家和孩子練習策略，以應對學校中會遇見的難題。要記得，這種情況終究會過去，孩子下一學年會換新老師的。

養育小孩，需要眾人同心協力

孩子在成長的過程裡，生活中有很多大人占據重要的位置，像是教練、祖父母、鄰居、參與活動時的小隊長等。孩子跟每個大人的適配性都會影響他們的發展，而會用什麼樣的形式發生，我們無法全然預測。顯然，做父母的無法期盼所有人都順應孩子的個性，也不可能要他們採取你的教養策略。那麼，要如何決定什麼時候需要跟對方來場對話，談談孩子的性格呢？要是天生性格導致孩子容易在許多環境遭遇挑戰，父母就更擔心這個問題了，可是這個問題沒有一個清楚的正確答案。我採用的頭號原則是，如果這個人跟孩子相處的時間很長，而他們互動的環境會導致性格上的挑戰，我就會主動開啟對話。如果他們和孩子的互動時間有限，而且他們相處的情境不太會出問題的話，我通常就會放手，只在問題發生時才介入。要是請祖父母或外祖父母來家裡，在我們去度假時幫忙照顧小孩一個星期，那就需要主動展開對話了。要是祖父母或外祖父母一年只會來一次，每次來也都待不久，那就聽其自然吧。我聘請保姆在孩子放學後幫忙照顧的時候，會主動跟對方仔細地說明孩子的性格；而要是臨時幫忙看孩子的，我則會交代幾個睡前例行公事的簡單指示。我們已經是成人，對於要在什麼時候，對什麼人，給予多少資訊量，自然有所考量（我們會把昨晚跟先生的爭吵完完整整地說給好友聽，但不會跟來修冷氣的師傅說）；事涉孩子性格的對話，也是同樣的道理。

重點整理

- 父母的教養風格差異，主要顯現在兩種指標上：溫情和要求。
- 我們如何看待教養，會反映出受遺傳影響的天賦性格。孩子看待我們的教養風格，我們看待自己的教養風格，我們看待另一半的教養風格，以及另一半看待我們的教養風格，都是如此。
- 共親父母也必須了解在教養上另一半的觀點。
- 每位父母具有自己的獨特性格，跟孩子的互動方式都不一樣，這就是為什麼某個人採用的策略對另一個人不一定有效。
- 孩子的天賦性格特徵會影響他們在學校裡的適配性。

・跟老師談談孩子的性格特質，可以幫助你跟老師合作來應對潛在的挑戰，也幫助孩子在學校適應得更順利。

第8章

如何判定孩子是否屬於情緒／行為失調？

我經常被問到的一個問題是：「我要怎麼知道孩子是不是哪裡『失調』？」高情緒什麼時候會轉變成焦慮症？衝動性要怎樣才算過度？孩子會極端地大吵大鬧，這樣是正常的嗎？我的孩子是不是自制力低落或是有注意力不足過動症？這些都是許多父母擔憂的問題。

即使我已經是臨床心理學的博士，也不例外，我在兒子身上也反覆操心過這些問題。一般人很難去辨別怎麼樣才叫做「正常範圍內」，除非你的工作性質是跟很多兒童相處（例如：老師），不然一般人不會接觸到那麼多兒童，無法得知正常的參考值。話說回來，對小孩來說什麼又叫做「正常」呢？我兒子曾經有一整年時間是拿枕頭睡在地上的，地點就在他舒適的床旁邊。我自己還是小孩的時候，曾經長達好幾個月的時間拒吃香蕉以外的食物，我們很難說孩子怎麼樣才是「正常」。

要判斷一種行為是否位於正常範圍還是有必要擔心，之所以會這麼困難，很大的原因是我們沒有一個清楚的答案。人類的行為特質呈現鐘形分布，座標軸兩端，也就是該種特質表現最高度和最低度的人數一定最少，位於中間的人數最多。統計學上，將這種變化的型態稱為「正常分布」。所以根據定義，某些人在某種特質上有高度表現是正常的。遺傳稟賦會影響我們在曲線分布上的位置。臨床上對身心失調的定義，例如焦慮症、憂鬱症或注意力不足過動症等問題，在正常分布曲線上畫一條線，分布在這條線以上的人，這些人的擔憂、傷心或衝動程度已經超過一定的門檻。不過，正常的行為變化和行為失調之間並沒有一條清楚的界線，無法用石蕊試紙測試或用生物標記指出孩子是不是行為失調。

就連專家也很難精確定義某種行為是否已經跨入失調的領域。行為失調的診斷是基於精神科醫師和心理學家的專家組織所制定的症狀檢查清單，其內容也都是基於學者的臨床判斷和專業。在美國，行為失調的診斷是根據美國精神醫學學會（American Psychiatric Association）出版的《精神疾病診斷與統計手冊》（*Diagnostic and Statistical Manual of Mental Disorders*，英文簡稱 DSM-5），現已更新到第五版。各種疾患的定義會隨著每一次出版而有所變動，有時候只是些微的更動，有時候則會出現徹底的大改寫（同性戀就曾一度被認定是病症）。DSM手冊每十到十五年就會重新修訂，每一次修訂都是好幾百位研究者和臨床學者花上多年時間討論和激辯的結果。世界衛生組織（World Health Organization）定義疾病的方式則稍有不同，他們使用的是《國際疾病分類標準》（*International Statistical Classification of Diseases and Related Health Problems*，英文簡稱ICD）。《國際疾病分類標準》目前已經準備釋出最新的第十一版，每一次改版也都會經過大幅的修改。

這是說，行為失調並沒有十足精確的定義，而且會恆常出現變動，我們能夠肯定的是，行為和情緒問題在兒童身上是極為常見的。每個人的評估或許不同，不過大約每五個兒童中就有一人符合某項心理疾病的診斷條件。美國國家學院（National Academies of Sciences, Engineering, and Medicine）近期發表的一篇報告指出，兒童最常見的心理疾病是焦慮，六歲至十七歲的孩子大約有百分之三十受到影響。接著是注意力不足過動症（attention-deficit hyperactivity disorder，簡稱ADHD）或對立性反抗症（oppositional defiant disorder，簡稱ODD）之類的行為失調，影響約百分之二十的兒童，再來是憂鬱症，影響大約百分之十五的兒童。符合這些疾病定義的兒童，我們認為他們的害怕、沮喪或衝動程度已經高到在生活中造成重大問題。

心理學家在探討兒童的行為和情緒問題時，會用兩種量測維度來看：內化性和外顯性。從這兩個詞，可以看出兒童宣洩情緒問題的兩個方向：內在或外在。「內化性」是指兒童所經驗到的是內心的問題，像是焦慮或憂鬱。「外顯性」則是指孩子表現出來的外在性問題，注意力不足過動症和對立性反抗症都是外顯性的失調。內化性（internalizing）和外顯性（externalizing）這兩個詞彙的使用，提醒我們這些行為是屬於程度性的，會進入到「疾病」的程度表示其位於該項行為變化的最高端，而那不是人們會遺傳到的「個別事物」。沒有人會遺傳到心理疾病，我們遺傳到的僅僅是不同的大腦運作方式，而某些大腦的運作方式比較容易引起極端問題。

高情緒兒童得到內化性和外顯性疾患的風險較高，因為根據定義來看，他們的性格比較傾向害怕和受挫。有些高情緒兒童容易內化他們的情緒，意思是這些兒童會把恐懼和難過往內心裡導引，導致焦慮或憂鬱的程度提高。而有些高情緒兒童的天性容易把受挫的情緒往外展現，導致他們出現打人、丟東西或其他爆發性的行為，如果這些行為的劇烈程度加重，可能就符合外顯性疾患「對立性反抗症」的條件。至於低自律兒童，按定義來看，他們很難控制衝動傾向，所以得到外顯性疾患的風險較高，特別是注意力不足過動症。當這些孩子長大以後，比較容易染上物質使用障礙。[24]

接下來我要談談兒童最常見的內化性和外顯性疾病，讓你能了解每個疾病的相關症狀。詳述不同的診斷時，要記住，符合心理疾病的條件不代表孩子哪裡「出了錯」，那只是孩子遺傳到的大腦運作方式比較極端而已。他們的性格特質在人群分布變化中位於最高位置，獨特的遺傳組成讓他們在所處的環境中比較難應對。這表示他們需要一些額外的協助，和更多更密集的行為干預，以幫助他們應付挑戰。在某些情況下，或許還可以採用藥物來幫助大腦運作時不致那麼極端，讓他們可以更順暢地面對日常生活。

24 譯注：即藥物成癮或藥物濫用，有些人因需要長期服用藥物，以至於形成對藥物的依賴。

等一下說明不同症狀的時候，還有一件事要記住，那就是被診斷出患有一種心理疾病的兒童，有比較大的風險被診斷出患有其他疾病。這種情況稱為「共病」，意思是許多種行為和情緒問題群體出現的狀況，有時候很難分別出來。一般來說，兒童要是有一種內化性問題（例如焦慮），就會有較高風險得到其他內化性問題（例如憂鬱）。同樣的，兒童要是被診斷出有一種外顯性疾病（如對立性反抗症），也會有較高風險得到其他外顯性疾病（如注意力不足過動症）。這是因為內化性疾病有一些共同的遺傳影響因子，有某些基因會導致多種類型的內化性症狀。外顯性疾病也是相同的情況，有些基因會提高不同外顯性問題發生的風險。

行為問題也可能發生蔓延效應，問題從一個方面蔓延成其他種問題。舉例說明，假設孩子的焦慮影響他交朋友的能力，這可能導致孩子感到寂寞，從而引發憂鬱。與之相反的另一種情況，孩子的焦慮可能使他感受到劇烈的挫折感和憤怒，進而導致反抗和對立的行為。這就是行為問題，需要早期發現，早期尋求幫助。

內化性疾患：內在體驗到的問題

焦慮症

焦慮是最常被診斷出的心理問題，不管是兒童或成人。好消息是焦慮症很容易治療，但問題是許多有焦慮症的人卻從來沒有接受過治療。一個很常見的原因是，雖然焦慮在許多方面會影響一個人的生活，但很多人其實不了解他們可以不用那樣辛苦。很遺憾地，由於不曉得還有他路可走，患者就認定他們注定要承受焦慮的痛苦。基於前述的原因，我會花比較長的篇幅討論焦慮問題，以便讀者了解該注意孩子身上的哪些徵兆。

有焦慮症的人會感受到擔憂和恐懼，其嚴重程度已經影響日常生活。世間有些錯誤看法認為孩子的焦慮「長大就會消失了」，或是孩子只需要「堅強起來」就會沒事。焦慮並不是一個會自己解決的問題，相反的，它會隨時間過去變得越來越糟糕。因此，你越早尋求協助，孩子越快能學會控制恐懼情緒的技巧。

如果你自己未曾體驗過臨床等級的焦慮，可能難以理解為什麼有焦慮症的孩子不能「讓它過去」就好了。每個人或多或少都曾體驗過焦慮，我們要嘗試新事物的時候可能感到緊張或害怕，或不確定結果會怎樣。要上台表演，或是要在一群觀眾面前表演之前，覺得有一點焦慮是正常的。在不同情境下感受到多少焦慮，是你的遺傳性格（也就是一個人天生容易感受到多少恐懼和擔憂）和人生經驗綜合起來的結果。一方面，如果你已經有過十幾次公開演講的經驗，大概就不會像第一次那麼緊張。另一方面，如果上一次的經驗並不順利，那麼下次要上台前大概會比較緊張，這些都是很普通的人性體驗。

這樣講或許很難相信，但有一點焦慮實際上是好事，這會讓我們因為害怕表現不佳而專心念書準備考試或是認真排演話劇。恐懼是隨著演化而調適改變的。保持謹慎是人類生存的祕訣，如果人類老祖宗沒有恐懼感受，應該早就變成獅子、老虎還是熊的爪下亡魂（老天！）。辨別是不是即將有壞事要發生的能力，能夠讓我們保持安全。而這種讓我們保住小命的行為特質流傳到後世子孫，使得人類都還繼續保有某種程度的恐懼和擔憂。

焦慮的兒童是因為大腦錯誤地往憂慮的那一端跑過去太多。處理憂慮和感知威脅的大腦部位稱為「杏仁核」，由於這部位的大腦過度活躍，導致從焦慮的兒童眼裡看出去，任何地方都有潛在的危險。他們的大腦總是對可能的負面情況發出高度警戒，也高估了壞事發生的可能性。因此，患有焦慮的兒童可能會看著大海，心裡想著：「危險，有鯊魚！」在第 6 章談過的「前額葉皮質」，是負責做出冷靜、理性反應的大腦部位。通常前額葉皮質也會加入工作，幫助我們把恐懼反應納入正常的脈絡中，它會提醒我們：鯊魚攻擊是極為罕見的，而且岸上還有救生員正在值星。但在一個焦慮的兒童大腦中，前額葉皮質趕不上過度活躍的杏仁核，於是杏仁核一直瘋狂尖叫：「危險，有鯊魚！」，然後把所有其他東西全部攪和進去。由於焦慮沒法受到控制，開始干預大腦運作，讓大腦無法發揮幫我們保持安全的作用。

焦慮並非僅是一種情緒而已，焦慮失調症是由好幾種類型形成，包括：

「廣泛性焦慮症」—對諸多事件（如學校、朋友、運動等）有著過量的擔心

「特定性畏懼症」—對某個特定物品或情境擁有強烈、不理性的恐懼（如怕狗或怕坐飛機）

「社交焦慮症」—極度恐懼社交情境和活動

「強迫性精神官能症」—簡稱強迫症，雖然於己意不合，但還是感受到揮之不去的

強迫性意念和強烈需要，迫使患者去完成儀式性的行為（如一連串的拍手），這是為了緩解伴隨而生的焦慮情緒。

「恐慌症」—特徵是恐慌發作，突如其來地進入極度恐懼的狀態，通常伴隨像是心跳加快、呼吸急促等生理症狀。

「創傷後精神壓力症候群」（PTSD）—由於親身經歷或目睹創傷性事件，導致強烈恐懼或焦慮。

每一種焦慮症的具體症狀都不一樣，這也是為什麼去找專業人士談談，有助於確定是否確診，並據此制訂治療計劃。不過，還有些一般性的徵兆，可幫助你看出孩子是否患有某種焦慮症：

· 孩子是否看起來不成比例地，對許多事情都過度擔憂？
· 孩子擔憂的日子是否比不擔憂的日子多？他們的擔憂是否開始支配你們的日常活動或例行公事？
· 孩子是否難以控制擔憂？你是否曾試著向孩子理性說明他們不需要擔憂，但似乎毫無作用？

- 孩子的擔憂是否已經影響正常生活的能力了？像是去上學、跟朋友互動等。會影響家裡的例行公事和活動嗎？
- 孩子會不會抱怨頭痛、肚子痛，上學或從事其他外出活動時，經常說他覺得不舒服？
- 孩子是否有入睡障礙，或經常做惡夢？
- 孩子是否過度擔憂其他人不喜歡他們，或擔憂其他人對他們的看法？
- 孩子是否拒絕參與學校活動或體育活動？孩子是否一遇到有壓力的情境，就很容易難過或生氣？
- 你是否需要花過多的時間，來安撫因普通情境而苦惱的孩子？
- 孩子是否經常表達「要是……怎麼辦？」的憂慮，就算你好好跟孩子談過了還不見改善？

如果前述有一題以上的答案是肯定的，那麼你要考慮尋求專業協助。

謹記在心的最後一件事，是有些孩子（特別是男孩）會用發作和舉止失當的方式作為對焦慮的回應。這種狀況很容易令人困惑，因為我們會搞不清他們內化性（孩子的內在感受）和外顯性（孩子發作出來）行為的界線在哪裡。如果是這樣，孩子可能不是好好對你說：「我真的覺得去上學很緊張」，而是在你們要走向校車的時候突然亂丟他的書，然後很抗命似地宣稱：「我不要上學，你不能逼我上學！」孩子若是用發怒或亂發脾氣來回應心中潛伏的焦慮，有可能最終會激怒父母，或遭到處分後果，而不是得到父母的同理。這可能要花久一點時間，才有辦法明瞭這種行為是焦慮情緒的反映，如果發現孩子亂發脾氣的時候恰好跟社交情境有關（要去上學、參加體育活動或營隊、參加令人生畏的話劇之類），那麼該行為實際上有可能是源於焦慮。

美國焦慮和憂鬱症學會（Anxiety and Depression Association of America，網址：adaa.org）提供很好的資源，供人更深入了解焦慮症。

憂鬱症

每個人或多或少都會難過或情緒低落，但染上憂鬱症的人是持續性地感到難過，而且會影響日常生活。跟焦慮症一樣，憂鬱症也有好幾種類型，但是當人們提到憂鬱症的時候，經常是指「重度憂鬱症」（major depressive disorder）。重度憂鬱症的特徵是患者超過兩個星期以上都憂鬱不止。憂鬱症在兒童身上不像焦慮症那麼常見，所以這部分的敘述會簡要一些，不過許多有焦慮症的兒童在進入青春期後會發展成為憂鬱症，憂鬱症在女孩身上比男孩更常見。

以下是一些孩子可能患上憂鬱症的指標：

- 孩子是否經常難過或雙眼含淚，或是經常大哭？
- 孩子是否對以前喜歡的活動失去興趣？
- 孩子是否對社交活動或朋友產生退卻的態度？
- 孩子是否有難以專心的問題？
- 孩子是否表達過絕望的感受？
- 孩子是否看起來自信心低落？或者嚴厲地否定自我價值（例如：我一無是處，我很醜，我永遠交不到朋友）？
- 孩子的吃飯或睡覺模式是否出現重大變化？
- 孩子是否說過好想死？
- 孩子發怒或鬧脾氣的次數是否增加了？孩子是否缺少活力？

・孩子是否會說這裡痛那裡痛，卻沒有明顯的原因？

你會發現，有些憂鬱的症狀跟焦慮重疊，例如易怒、有睡眠問題，以及孩子說他肚子痛或頭痛。這裡要再次重申，雖然憂鬱和焦慮被診斷成兩種不同的疾病，事實上這兩種病症有共同的遺傳影響因子。有些人遺傳到的天性稟賦傾向於內化情緒，也就是容易把恐懼、憂慮或痛苦的強烈情緒往心裡去。在有些人身上，這種性格表現出比較多的是焦慮，而有些人比較多的是憂鬱。也有可能在同一個人身上，隨時間不同而表現不同，例如發展的某一階段是焦慮，在另一個階段變成憂鬱。所以，提早尋求協助非常重要。

認知行為治療是一種發展完備，具有科學根基的焦慮症和憂鬱症（以及其他心理狀況）療法，其療效已經得到證實。這種療法能夠幫助個人認知思考模式，學習如何控制負面思考和擔憂，並修正行為上的反應。用這種方法，患者能夠了解大腦是如何組成的，並鍛鍊更好的應對技巧（以及建立新的大腦連結）。舉例來說，不要讓患者的大腦大喊：「危險，有鯊魚！」然後放任他們陷入恐慌，而要讓他們學習去理解大腦其實是過度憂慮（在憂鬱症方面就是負面思考），然後透過加強前額葉皮質反應以抑制天賦傾向，來學習新的、更具備理性和調適力的反應方式。

外顯性疾患：表現於外的問題

對立性反抗症

對立性反抗症是一種兒童最常被診斷出的行為失調。對立性反抗症兒童通常是高情緒、低自律。這類型兒童有難以管理其受挫和生氣情緒的問題，很難控制他們對強烈情緒的反應。對立性反抗症的特徵是出現負面、具敵意的行為，且持續至少六個月。六個月本身沒什麼特別意義，只是確診上必須要確定該行為屬於持久性的行為，而不是某種短暫出現後便消失的行為。孩子如果符合下列至少四個條件的話，對立性反抗症就能確立：

- 孩子是否經常暴怒？
- 孩子是否經常生氣和憤恨？
- 孩子是否經常與大人頂嘴？

- 孩子是否經常違抗或拒絕遵守大人的要求或規矩？
- 孩子是否會故意惹怒其他人？
- 孩子是否經常就自己的錯誤責怪其他人？
- 孩子是否經常對別人懷恨或想要報復？

所有孩子都有調皮的時候。確診對立性反抗症的決定性條件在於：問題行為出現的期間和程度，要高於一般同年齡和同發展階段孩子身上所觀察到的現象。再次地，我得說明這並不表示孩子有哪裡「出錯了」（被孩子脾氣發作嚇到的父母可能會擔心），這只是表示孩子屬於高情緒，且尚未擁有管理這種情緒的能力。

對立性反抗症的療法需要大量採用第 5 章談過適用在高情緒孩子身上的策略，且需要父母配合，讓父母了解孩子的問題是缺乏管理情緒的技巧，而不是故意要操縱或違抗大人；此外，還需要找出觸發事件，眾人要同心協力，建立解決問題的策略。診斷出有對立性反抗症的兒童可能有注意力不足過動症的風險，原因是高衝動性會提高多項外顯性症狀的風險。對立性反抗症兒童也有較高的機率後續發展出焦慮或憂鬱，原因同樣是來自於孩子以極端行為表現負面情緒而導致的負面回饋循環。孩子的行為可能使他在同儕相處、家裡、學校的生活遭遇難題，促使他內化孤立和失望的情緒，後者容易造成焦慮或憂鬱。由此看來，最好早期就要能夠尋求協助。

注意力不足過動症

注意力不足過動症簡稱 ADHD，一種經常被人形容是行為失控或行為不受抑制的病症。簡單來說，注意力不足過動症的兒童很難控制自己的衝動，男孩比女孩容易符合注意力不足過動症條件。根據定義，注意力不足過動症兒童的自律性屬於低度，大腦構造與他人不同，就像第 6 章討論過的。有注意力不足過動症的兒童比較難對他們覺得無聊的任務保持專心，容易未先思考過後果即衝動行事，也經常比較好動、坐立不安、躁動不耐煩，這些特質在他們身上較其他同齡兒童更明顯。許多患此症的兒童都有注意力和衝動方面的問題，但另一種可能是具有嚴重的注意力渙散，或是嚴重過動的問題（此二者擇一）。

以下是注意力渙散的常見徵兆（確診需要符合以下症狀中的六項以上）：

- 孩子是否無法仔細注意細節，或是會犯下粗心的錯誤？
- 孩子是否經常很難對手上的任務或遊戲活動保持注意力集中？
- 當有人直接跟孩子講話時，孩子是否經常沒在聽？
- 孩子是否難以有組織地安排任務或活動？
- 孩子是否逃避或不喜歡需要長時間保持注意力的任務（例如學校功課）？
- 孩子是否經常遺失任務或活動所需的事物（例如學校教材、鉛筆、書本、工具、錢包、鑰匙、報告、眼鏡、手機）？
- 孩子是否常常容易分心？
- 孩子在日常活動中是否容易忘東忘西？

下面是過動和衝動的症狀，要出現六項以上的症狀至少達六個月時間，且這些症狀必須以孩子的發展階段來說屬於具有破壞性和不適當的，才算是確診：

- 孩子是否經常玩弄或拍打他們的手或腳，或常在座位上動來動去？
- 孩子是否經常在應該要保持坐著的情境時離開座位？

- 孩子是否經常在不適宜的情境中到處跑或爬來爬去？
- 孩子是否無法安靜地玩或參加休閒活動？
- 孩子是否經常處於「忙個不停」的狀態，表現得好像一台小引擎一樣？
- 孩子是否經常說話說個沒完？
- 孩子是否經常在問題還沒說完之前就搶著說出答案？
- 孩子是否難以等候輪到他？
- 孩子是否經常打斷或硬干擾別人在做的事（例如打斷別人的談話或遊戲）？

除了上述行為方面的條件以外，要確診注意力不足過動症，該類行為還必須出現在兩種以上的環境中（例如在家和在學校皆有，或是跟父母和其他照顧者相處的時候皆有），才算是符合條件。此外，孩子出現的症狀必須已經干擾到孩子的正常作息，像是在家、在學校或是跟朋友之間造成問題。

是失調還是天生氣質？

讀完以上那些常見的兒童行為失調症狀，你大概發現其中有些行為跟前面討論過的四種受遺傳影響的性格特質有重疊部分。例如高度活躍和愛說話是高外向兒童常見的特質，但這兩者也是注意力不足過動症的條件。容易受挫或突然發脾氣是高情緒的指標，但也是對立性反抗症的症狀。同樣的，容易受驚或易怒是高情緒兒童的特徵，而這也是屬於內化性疾患的症狀。低自律兒童很難自我控制，而這正是注意力不足過動症的核心特點。

父母可能不禁想問：到底什麼時候才算是天生氣質，什麼時候是疾病？如果你有這種疑惑，你只不過是把臨床疾病看得太過「慎重」，事實上並沒有那麼深奧。在行為維度上屬於高度的兒童，按定義來說是屬於比較極端的，當他們置身在設計給「中間值」的人的環境中時，容易遭遇挑戰。臨床疾病不過是表示該行為模式被認為是會造成難題的。因此，如果孩子的行為惹出問題讓你擔心，我鼓勵你不要再把時間浪費在「疑惑」孩子是否符合某種失調症的條件了。記得嗎？「正常」與「疾病」之間的界線是隨意且模糊的。你應該要做的，是當你擔心時，去找個醫師或治療師談談。

我看過許多父母為了是否該為孩子的行為問題尋求幫助苦惱不已。身為父母，不時需要決定什麼時候帶孩子尋求專業協助，例如孩子咳嗽或受傷的時候。爸媽看到孩子出現喉嚨痛或發燒的症狀，會先評估是否嚴重到需要找醫生深入檢查，還是說先在家休息、喝點熱雞湯，給予額外的關愛，自然就會好起來。在看到醫生前，我們並不負責診斷（即便或許已經猜到是什麼問題），只知道哪裡不對勁，要尋求專業協助。

同樣的，當關乎到孩子的心理健康時，也是相同的道理。或許要出現一段令人高度擔心的時期（舉例），然後就會決定什麼時候該去找心理醫生。並不是孩子每一次脾氣發作就需要找治療師約診，而是嚇人的情緒爆發持續了較長一段時間以後，才需要進一步檢查。常見的行為和情緒失調症狀可以幫助你辨別是不是哪裡需要擔心，而就算這份清單沒辦法提供清楚的答案，還是可以記住這個原則：行為問題必須是持續發生，具有「經常」、「頻繁」或「很常見」的發生頻率，這是判斷的重點。

由此看來，是否該尋求專業協助的最佳頭號原則，就是該行為是否已經造成損害。孩子的行為是否已經干擾到他與父母、同儕，或老師之間的關係？是否不斷在學校裡惹出麻煩？是否已經被幾個遊戲小組列為拒絕往來戶？家長是否已經盡力執行本書（或其他書）討論過的策略，但感覺都不見效？如果以上有任何一個問題的答案為是，那麼就採取行動吧，尋求額外的幫助。

另一個要考慮的是，孩子的行為是否曾經改變。如果平常是個快樂的高外向孩子，但突然間開始有很多時間都待在自己房間，不想見朋友，也不想從事從前喜歡的活動，那麼最好深究一下是怎麼回事。如果這種異常行為模式持續下去（一般標準是一個月或以上），那麼你應該考慮尋求專業協助。

最後一點，如果孩子表現出來的徵兆可能對自己或其他人造成危險，請立即尋求協助。這並不是說，要是孩子說了什麼很誇張的話（例如：「如果我沒被教練選上，就要去死」），你就得立刻按打給精神科醫師。而是要使用做父母的直覺，如果這種威脅對孩子或對其他人來說感覺像是真確的，那麼就要尋求幫助。

如何得到幫助？

「這些聽起來都很好，但我要如何為孩子尋找合適的幫助？」你或許會這樣想。我希望這個問題可以有個簡單的答案，但遺憾的是，治療師的素質有很大的不同。我不建議你上網隨便找一個治療師。擁有執照只表示可以執業，不保證該位治療師能夠為孩子提供最有效的治療。在精神科醫學和心理學界，執業人士的水準良莠不齊。然而，學界現在對心理問題的了解比起過去已經有所進展，我們現在已經知道心理疾病會受到遺傳影響，就跟其他生物醫學的疾病一樣，現在也已經發展出有實證基礎，且能發揮成效的療法。你要確定孩子接受的是這一種治療。

我整理了一份可用資源的清單，幫助你從這裡著手。這份清單絕非詳盡透澈，但都是我實際會運用的資源，他們提供的資訊據我所知也都是以科學為根基。

- 美國國家心理衛生研究院（The National Institute of Mental Health，網址：nimh.nih.gov）：這是資助心理衛生疾病研究的美國政府機關，網站上提供大量的相關資訊，其中包括如何尋找治療師。

- 兒童心理學院（The Child Mind Institute，網址：childmind.org）：這是一家致力於兒童心理健康的非營利組織，網站經營的部落格寫得非常好，文章介紹了兒童所有的心理問題，以及該如何尋求幫助。
- 美國兒童青少年精神醫學學會（The American Academy of Child and Adolescent Psychiatry，網址：aacap.org）：網站上提供許多關於心理疾病和如何尋求幫助的資源。
- 行為和認知治療協會（The Association for Behavioral and Cognitive Therapies，網址：abct.org）：網站上提供了大量關於認知行為治療的資源，以及不同心理疾病通常會採用哪種療法，其他還包括書籍、治療、如何尋找治療師等資訊。

很現實的一點是，在尋找心理健康方面的專業人士時，先要有足夠的知識，因此要自己做功課。可惜，光看診所是不是夠氣派或是感覺夠不夠良好，無法讓我們辨認某個人是不是好的治療師（也就是能夠提供有科學根據的療法的人士）。當你在考慮某個人選的時候，必須問問題，而問題要像以下這樣：

- 你建議採用什麼治療？

・這項療法有科學實證的基礎嗎？
・有其他治療法的選項嗎？
・為什麼對其他患者採用你選用的療法？

優先條件是，你找的治療師要能提供有科學基礎的療法。這位人士日後需要和你發展出密切的合作關係，所以也可以將你對治療師的印象和感受納入考慮。要能夠感到你跟治療師可以發展出融洽的關係，事實上有證據顯示這對日後的治療是不是奏效有一定的影響程度。但還是要記住，你感覺對的人選，不一定是孩子感覺對的人選。我自己的經驗就是這樣，我喜歡某個治療師，但我兒子卻認為她太像我了（驚！），對我兒子來說好像是被另一個媽媽管一樣。

及早尋求協助

所以底線應該是這樣的：如果你疑惑自己是不是該尋求幫助，那麼就該著手進行！也許你想等等看孩子的行為會不會自己變好，或者你是不是能找到對付的方法。想要先採取這樣的行動是很正常的，但如果你發現書也看了，該實施的行為策略也實施了，但還是沒有改善，那就別再猶豫，趕緊尋求專業協助。記得，越早為孩子尋找幫助，他們就能越快學到應付難題的技巧。

有些父母擔心，帶孩子去看精神科醫師，會遭到醫師的批判。別擔心，治療師最喜歡的就是跟父母合作了！他們看過許多孩子在自己的困難中痛苦掙扎，因此並不認為會來尋求協助的人有什麼錯誤，他們樂於助人！治療師所受的訓練就是要創造一個舒服的環境。我認識的人當中最有意願尋求專業協助的，就是那些心理健康領域的專業人士，我們曉得扶養孩子很辛苦，因此願意格外協助，特別是那些在兒童行為學領域的專家。

父母遲疑不決的另一個原因，是害怕孩子會被貼上標籤。他們不希望孩子被診斷出有注意力不足過動症或焦慮症（舉例來說），擔心確診會引來外界異樣的眼光。在我的經驗裡，對大部分治療師來說，是不是要做出什麼診斷，重要性並不及於是不是能夠幫助你的家庭和孩子。通常都是父母比較擔心孩子「有」什麼病，多數的臨床醫師都很清楚臨床診斷會衍生出什麼問題，他們清楚知道孩子的行為問題並不能放進一個非黑即白的框框。通常需要做出診斷主要是為了醫療保險、記錄保存和開立帳單的目的。多數臨床醫師都會避免給五歲以下的小孩做出診斷。

你需要的是在這兩件事中權衡：擔心孩子被確診某種病名，還是放著孩子的行為和情緒問題不治療而造成傷害。焦慮、憂鬱、對立性反抗症、注意力不足過動症和其他行為和情緒問題，如果沒處理，很可能造成嚴重的後果，從而影響親子關係、孩子交友的能力，以及孩子在學校的表現。當孩子對自己在世上是否有容身之處感到日益消沉，這些問題還可能進一步惡化。為孩子尋求幫助，能夠打破這樣的負面循環，讓孩子得到所需的技巧，以便能夠交到好朋友，在學校表現更好，以及非常重要的，跟父母發展出更融洽的親子關係。

對某些兒童（和成人）來說，確診事實上幫助驗證了他們的感受是「真實」的。那有助於理解許多人都跟他們一樣，為著相同的狀況而苦。受到影響的個人和家庭能藉此認識到他們並不孤單，也能夠明瞭有很多種療法可以讓狀況變得更好。對許多人而言，確診事實上帶來希望，特別是如果能夠採用第 3 章討論過的「成長心態」來看待這件事的話。

某些父母還有一種擔憂，就是尋求專業心理協助可能得花費不少錢。關於費用和付費的問題，應該在決定治療師人選的時候跟對方討論。許多治療師都接受保險，包括 Medicaid、Medicare 這兩種美國國家醫療保險，不過有些治療師不接受。有些診所可以按浮動費率收費，有些私人診所甚至還會提供公益治療服務。如果費用是考量，在諮詢一家診所時，一開始就要先提出這個問題。如果該位治療師或該診所無法配合你的財務狀況，或許他們能夠幫你介紹收費比較便宜或彈性的診所。

現實情況是所有人在教養上都可以借助他人之力，對某些人的狀況而言，讀教養書籍或是跟友人談就已經夠用。但如果孩子天生就比較磨人，父母不應遲疑尋求額外的協助，特別是當性格已經影響到孩子或正常家庭生活的時候。尋找能夠與你順利合作的專業人士來協助執行有科學基礎的策略，幫助孩子學習他們缺乏的技巧，才是你最需要的。

重點整理

- 行為和情緒問題在兒童身上非常常見，最常見的是焦慮和行為失調（對立性反抗症、注意力不足過動症），再來是憂鬱。
- 心理疾病並沒有精確的定義方式，正常行為和行為失調之間並沒有清楚的界線。
- 父母是否應為孩子的行為問題尋求協助，最重要的考慮指標是孩子的行為是否已經造成損害。換句話說，孩子的行為是否已經在家裡、學校，或是跟同儕之間造成問題？
- 越早為孩子的行為或情緒問題尋求協助，孩子越快學會克服這些挑戰的技巧。所以，千萬不要等！許多孩子的行為和情緒問題如果放著不治療，會隨著時間越變越糟。

第9章

開始練習：邁向教養的新時代

我家族裡流傳著一個笑話，我有了小孩以後被叫去校長室的時間，比我實際當學生時的二十幾年內加起來都還要多。以我這樣一個從小成績優秀，又拿到好幾個心理學學位的人來說，這當然不在我理想的人生計劃中。所以，如果孩子長成的模樣並不如你的想像，你不孤單。我已經是兒童行為學領域所謂的「專家」了，而我的育兒之路仍是跌跌撞撞（我先生每次講起這個都還會發笑）。

事實是你身為父母，只需要盡力做到最好，你無法負責孩子的行為。等等，我剛剛說了什麼？無法負責孩子的行為？這聽起來好像於常理不合吧。不過，任何人要是曾經試過要把一個蠕動不停的幼兒放進車用兒童座椅，扣好安全帶，就能了解我們很難使任何人順己意去做任何事，不管那人是大還是小。

父母的職責是幫助和教導孩子，但執行爸媽的教誨是孩子的職責。所以，你要對自己仁慈一點，對其他爸媽也是。我知道這很難令人接受，但最終，孩子大部分的行為都不在我們的掌控中。我們可以引導、形塑孩子的行為，但終究無法掌控孩子。畢竟，孩子要如何說話行動，要變成什麼樣的人，那是他們的選擇。這是一件孩子成長期間我們必須不斷提醒自己的事實，因為我們還是會落入想要親自把孩子捏塑成形的心態，忘了孩子對自己的命運擁有掌控權。

讓我們來想像一下，如果能真正內化這條基本原則——父母無法掌控孩子的行為——會是怎麼樣的情景呢？在這樣的世界裡，父母會盡最大努力幫助孩子，但不會因為孩子在商店裡大鬧脾氣而感到無比內疚。孩子在生日派對上躲在角落嘟起一張嘴生氣，我們可以不在乎他人指責的眼光。我們不會為難彼此，會協助支持其他父母。我們會彼此交換想法，但能夠認同每個孩子都是獨一無二的。跟其他遊戲小組的爸媽聊天時，發現某個人試用了另一個人據說是有「魔力」的獎勵卡，但在他孩子身上卻完全收到反效果，我們會大笑，然後一笑置之，不會去假設對方父母一定是哪裡做錯了。對教養提出想法的時候，是作為建議，不是給人家傳福音，因為我們能夠認同，對一個孩子有效的方法不一定對另一個孩子有效，包括他的手足！我們能夠同意，孩子要是乖巧「好帶」，是因為我們走了好運，孩子的行為表現良好不只是來自我們傑出的教養手法，跟孩子本身的天生氣質也有很大的關係。我們會同理「家有磨人精」的父母：他們在遺傳大神面前擲骰子的手氣不大好，害他們要耗費許多精力。與其批判他們，我們會在他們的小惡魔脾氣發作或是哭鬧時，給予支持。

如果我描述的這個世界聽起來不太真實，那僅僅是因為我們讓佛洛伊德，還有自己的媽媽，以及那些所謂的「專家」主宰了認知，他們宣揚的教養策略不過是家庭手工業，卻叫別的父母都該照他們說的做。就如同科學研究不斷演進，終於推翻過去人們以為自閉症是冷漠母親造成的那樣（才不是），該是時候改變我們看待兒童行為的眼光了，停止在兒童表現不佳時，責備父母。小孩不乖並不是因為教養方式錯誤，而是因為他們還是孩子。有些孩子天生性格就是比較衝動，比較情緒化，比較叛逆，更容易令爸媽沮喪。如果能夠接納並好好運用兒童個別差異背後的科學，就能夠創造少點批判、多點支持的教養文化。

在兒童發展科學的文獻中，有個概念叫做「夠用就是好」的教養。這概念是說，父母不需要一絲不苟地按照某種計劃扶養小孩，孩子還是能長得不錯，超級教養並不一定就會養出超級小孩。遺傳基因傾向是身材矮小的孩子，餵他再多食物也不可能讓他長到一百八十公分。但要是你不給孩子補充營養，孩子便無法發展到基因給他們的應有體格。如果環境因素基本上保持中庸，孩子長成的模樣有很大一部分是根據獨特的天賦基因密碼形成。父母的職責是做到「夠用就是好」的教養，給予孩子機會去茁壯成長。

我要澄清一下，「夠用就是好」的教養並不是父母做什麼不重要，父母在很多關鍵方面具有重要性，重點是不要花時間窮擔心。到底要不要給孩子用奶嘴或是如何訓練孩子用馬桶，或是規定孩子使用 3C 產品的時間有多少，並不會決定孩子長成什麼樣的大人。（不過，容許孩子每天都坐在電視機前一整天並不是個好主意就是了。）要記住：孩子體內有一組基因密碼，已注定好他們羽翼豐滿時長成什麼模樣，就像每個人擁有自己精彩又炫目的性格特色。不管媒體、自己的爸媽和爸媽的友人怎麼說，我們身為父母所煩惱的大部分事情，其實對孩子日後長成什麼模樣的那個大方向，根本沒那麼重要，重要部分已經被孩子的基因給包辦了。

但我們還是有很多方法當個「更好」的父母，比「夠用就是好」還要更好。要當更好的父母，首先要對孩子的基因構造有清楚的認識，當你能夠接納並鍾愛孩子的本色，就能夠幫助孩子長成自己最棒的模樣，即便跟你原始想像中不同。

了解孩子獨特的天賦密碼，能夠幫助你有彈性地調整教養，幫助孩子長成最好的自己。你能夠幫助孩子肯定和加強自己的強項，與孩子一起努力改善容易遭遇挑戰的地方。若了解哪些部分是你能掌控，哪些部分不能，就能夠運用這些知識幫助孩子發揮潛力。當你試著想要「改變」孩子時，挑戰就會出現。如果你嘴巴上一直說多希望孩子長得高，然後強迫孩子吃很多東西，這樣做，只是讓基因注定要長得矮的孩子覺得自己很糟糕而已。大家似乎都能接受身高是很難改變的東西，不過行為也是同樣的道理。

讀到這裡，希望你現在已經覺得自己獲得了力量！你已經了解行為科學的奧祕，也對孩子有了更多了解，曉得孩子獨特的基因密碼會控制孩子的發展。你已經了解自己體內的基因型會影響天生氣質、喜好，以及你和孩子互動的方式。你也覺得肩上的壓力沒那麼大了，因為你曉得並沒有所謂的完美教養。你能夠有彈性地調整對孩子的教養方式，減少挫折和壓力，專注在每個孩子最在乎的事物。你知道自己已經盡了最大努力，但你終究無法掌控，也無法負責孩子的行為和人生成果。你學會要注意孩子的哪些徵兆，也曉得什麼時候應該要尋求協助。

但或許你也感覺到過於沉重，其實不大能夠掌控孩子的行為和人生成果，讓人感覺有點心慌，又或者因為你的孩子就是問題比較多的那一位，你不禁感到灰心。或許你會質疑，如果沒辦法按照自己的意思來塑造孩子的話，為什麼還要花那麼多時間、精力在孩子身上呢？

如果你有這樣的感覺，試著想像一下，當你這樣說的時候，把孩子代換成是你的另一半或好友。你應該會花很多時間跟這些人相處，但我想你花時間跟他們相處，是因為你愛他們，想要經營跟他們的關係。你花時間在他們身上，不是因為你想要改變他們，或是把他們改造成你想要的模樣。如果你婚姻美滿（或仍在婚姻狀態中），應該早就放棄試圖改變另一半的想法了，而你也已經學到，要克服婚姻中許多令人氣惱的時刻並建立美好關係，雙方的需要、期望和個性都要受到重視。維繫親密、持久的友誼也是如此。

就跟你的另一半或至交好友一樣，孩子也是一個獨立的人，或該說是獨立的小人，孩子需要你幫助他們長成自己的樣子。孩子同時也是獨一無二的個體，一個你需要去認識了解的人，他們有些事是你喜愛的，有些事則是……咳咳，沒那麼喜愛。就跟生活中其他你所愛的人一樣，孩子是一個你有機會與之建構美好關係的人，這是個什麼樣的關係？是否美好？端視你能否接受孩子自己的模樣來愛他們。

好的教養並非你要做得很多，而是找出什麼才最適合孩子——也就是孩子獨特的基因密碼，要隨著孩子的發展階段一一顯現出來。兒童發展的特徵是穩定和變化兩者兼具。基因帶來的影響主要在發展的各階段穩定表現，但這些特質的展現和表達會隨著不同階段演進。父母如何將之誘導往哪一個方向，再加上孩子環境中的諸多層面，會導致這種個性上的特質逐漸出現位移。孩子從同儕、老師、教練和其他人生事件得到的經驗也會引起變化，有些是父母可以影響的，有些不能。

以我而言，身為父母最困難的部分是承認和學習接受孩子身上和周邊，有太多事情不在我的掌控中，還有要與之共處。當我和朋友才二十幾歲，都還沒結婚生小孩之前，我們對於小孩有一套宏偉的計劃：包括如何把小孩放進登山背包的背架，如何帶著小孩在山上健行、露營還有環遊世界（那時候我還住在阿拉斯加）。在我們這群朋友中，有些人做到了；至於其他人，有人不得不待在家裡，因為她的寶寶有腸絞痛的毛病，有人是寶寶會大鬧脾氣而無法出外旅行，不然就是有人的孩子有發展障礙的問題。

嘗試去控制孩子的表現，這是忽略人類行為的基本天性，只會導致大量的挫折感，不只對你，對孩子也是。最糟糕的是，過分努力按照你的意思塑造孩子，實際上可能會妨礙孩子成長的空間，還可能傷害親子關係。孩子終究需要學習如何管理自己的天生氣質和個性傾向，父母能夠做到的最棒的一件事，就是幫助孩子度過這個過程。其中包括要放手讓他們去體驗，自己做出的決定會帶來各種好的、不好的結果。如果孩子沒有機會嘗試和失敗，就無法學到未來要如何才能做得更好。

身為父母，你能夠在一旁支持孩子，鼓勵孩子度過這個成長歷程。當孩子越長越大，需要為他們所做的決定背負更大的責任和潛在後果，所以孩子需要在還小的時候就開始練習。無論我們有多愛孩子，無法永遠為他們承擔一切，也不該為孩子承擔一切。或許到了最後，我們能給予孩子最棒的禮物，就是適度地放手，讓孩子成為「像自己那樣的人」，讓他們獨特的基因密碼放聲歌唱，讓他們了解可以唱出跟我們不一樣的歌聲，盡情享受他們自己人生的演唱會，即便最後那個演唱會跟我們最初期盼的不一樣。

最後，我想對每位家長說

各位爸媽，我們共同的旅程並不是隨著這本書就結束在這裡，請上我的網站：daniellediek.com，這個網站提供了更多資源、資訊，以及更多支援，幫助你教養擁有獨特基因組合的小小人兒。

致謝

這本書能順利推出是由於許多人的努力，我在此深表謝忱。

首先我要感謝同事艾佛列特・沃斯頓（Everett Worthington），他第一個與我分享，要如何寫一本給一般大眾看的普及版書籍的具體細節。謝謝你慷慨地撥出時間給我，和我分享你的素材，協助我踏上這段旅程。

致我的經紀人凱洛琳・薩瓦雷斯（Carolyn Savarese），我只是一個小小的發想，但你把它變成了這本書！謝謝你欣賞我的視野，幫助我將之塑造成形，並勸服別人看見當中的潛力，也謝謝你在整個過程中一直大力地支持我。謝謝你幫助我夢想成真。

致我的編輯露西亞・華森（Lucia Watson），及艾佛瑞出版社（Avery）和企鵝蘭登書屋（Penguin Random House）的團隊同仁。謝謝你們讓整個出書是個開心又順利的過程！我期待接下來有更多新的嘗試與合作。露西亞，我要謝謝你，謝謝你對我的信心，並幫助我把這本書以最完美的狀態推出。

致我的父母，丹・迪克（Dan Dick）和琳恩・迪克（Lynn Dick），謝謝你們時時刻刻的愛，謝謝你們相信我，鼓勵我追尋夢想，努力不懈朝著目標前進。你們一直以來都是第一個為我的成就慶賀開心的人，當我的計劃不如預期時，你們總是在我身旁為我打氣。我希望每個人都能像我一樣幸運，有像你們一樣的父母。

致我的丈夫凱西（Casey），你在許多方面豐富了我的生活，其中包括將我可愛的繼女諾拉（Nora）帶到我生活中來。你早在我恍然大悟之前，就看出了這本書應該具備的樣子。謝謝你的和善、耐心和支持，謝謝你是一位好丈夫和好爸爸，謝謝你挑戰我使我能擴展思考（即便是當我不想聽的時候，雖然那常常發生），謝謝你無盡的支持，謝謝你讓我的生活樂趣無窮。

致我親愛的孩子艾登和諾拉，你們是如此如此不同又特別的孩子，我等不及要看著你們獨特的人生旅程要帶你們往哪裡去。艾登，我以前以為我對教養這件事無所不知，直到我有了你！謝謝你讓我成為母親，謝謝你在我表現不佳的時候包容我，謝謝你和我分享你的人生旅程。我以你一路走來的成果為榮，我以你將來要長成的模樣為傲。

致妹妹金妮和弟弟布萊恩，謝謝你們在我人生的各項歷險中一直陪在我身旁。我也要謝謝你們各自的另一半約翰和愛波兒，你們圓滿了我們這個親密的家庭，跟你們所有人分享我撫養擁有超強迪克家族基因的小小人兒的瘋狂經驗，是我的一大樂事。

致我的婆婆蘇珊和小姑芭芭拉，謝謝你們關心我「所有」的工作計劃和為我開心，我和凱西結婚就像中了樂透，而你們就是我得到的附帶獎賞。

致我教養路上陪伴我的許多朋友，我怕遺漏了任何人，因此沒有在此指名出來，我知道你們心知肚明。謝謝你們跟我分享你們的故事，也傾聽我的故事，那是一種愉悅也是支持。教養之所有有那麼多樂趣，就是因為我們能跟朋友一起分享那些好的、壞的，和那些尷尬的！我要特別感謝格瑞晨．溫特斯坦（Gretchen Winterstein），謝謝你為本書前面幾個章節提供具體的意見，謝謝你從我們大一第一個星期認識彼此開始，就持續地在我各個人生階段提供堅定不移的友誼。我也要謝謝我親愛的朋友史黛芬妮．戴維斯．麥可蔓（Stephanie Davis Michelman），謝謝你同意我在書中分享你的教養故事。

我也要向我初踏入行為遺傳學時給我指導的導師致上感謝：在我大學時領我走進這個領域的指導老師，先師艾文．葛茲曼（Irving Gottesman），以及我研究所的指導老師理查．羅斯（Richard Rose）。兩位老師給我的人生都帶來無比深遠的影響，我永遠心懷感激。我還要謝謝我的同事、友人和媽媽友潔西卡．薩瓦托雷（Jessica Salvatore），她率先閱讀了本書的初期版本，並慷慨地同意讓我加入她自己的教養經驗。致我的EDGE實驗室（發展、基因、環境檢測實驗室，Examining Development, Genes, and Environment）夥伴，謝謝你們願意聽我述說講不完的媽媽經，也謝謝你們容許我對嘗試新事物的無盡熱情。我同時也對所有終其一生致力於產製新知的研究家感激不盡。我們是過去歷史的產物，而我自身則是受惠於數以百計投身於研究的先進前輩，因著前人的努力，我的思考、教養方式，以及這本書才得以成形。我要藉著這本書向所有父母致敬，即便這本書跟我們常見的學者說法有所偏離。

最後，感謝我親愛的好友馬薛爾・林區（Marshall Lynch），該從哪裡開始說好呢？你對這本書有這麼大的貢獻，或許你該署名才對！我知道你能夠辨認出全書都有來自於你的影響，我們星期六早晨的約會、疫情期間的視訊，以及關於我們孩子和生活數不清的對話。謝謝你閱讀了定稿前每一次版本的每一章節，謝謝你在這個出書計劃上的每一步，都擔當了我的夥伴角色。你總是促成你生活中的所有事和所有人，這本書因為有你涉入其中而大大受益，謝謝你的友誼。

我也要感謝你，我的讀者，在你與你獨特的小人兒搏鬥之餘，謝謝你抽空閱讀我的書。我懂你，你身邊這個小小的「甜蜜負擔」促使你必須全力以赴，我可以體會這種感覺。謝謝你讀畢此書，這本書是為了你而寫。

推薦書單

我在本書一開頭就講過，我希望這本書是一本給父母的使用者指南，而不是學術文獻的讀書心得。以下是我的推薦閱讀書單，裡面包含了本書所提到的研究，以及其他我認為很有用的教養書籍。

天生氣質

如果你對討論天生氣質的學術性研究書籍有興趣，我很推薦這一本：《成為我們自己：發展階段中的天生氣質和個性》（*Becoming Who We Are: Temperament and Personality in Development* (Guilford Press, 2012)，尚無繁體中文版），作者是瑪莉．羅斯巴特（Mary K. Rothbart）。羅斯巴特博士是一位已退休的著名教授，她在天生氣質的研究方面可以說是全球數一數二。這本書針對大量關於天生氣質的文獻，提供深入的討論，其中包括本書提及的許多項研究，書中也有相當多科學性參考書目。

《教室裡的天生氣質：了解孩子的個別差異》（*Temperament in the Classroom:*

Understanding Individual Differences (Paul H. Brookes Publishing Company, 2002)，尚無繁體中文版），由芭芭拉．基奧（Barbara K. Keogh）博士主編。這本書對研究天生氣質的學術文獻做了很好的梳理，對於研究孩子的天生氣質在學校環境如何發揮有更深入的介紹。

行為遺傳學

如果你想要找一本學術性書籍是更深入介紹行為遺傳學領域的研究方法和發現，我推薦這本：《行為遺傳學》第七版（*Behavioral Genetics* (Worth Publishers, Macmillan Learning, 2017)，尚無繁體中文版），這是一本綜合性教科書，作者包括：薇萊莉．諾匹克（Valerie S. Knopik）、珍奈．奈德海瑟（Jenae M. Neiderhiser）、約翰．德福萊（John C. DeFries）、羅伯特．普洛明（Robert Plomin）。

如果你想要找比較易讀，寫給一般讀者看的書，我推薦羅伯特．普洛明的《藍圖：DNA 如何造就我們》（*Blueprint: How DNA Makes Us Who We Are* (MIT Press, 2018)，尚無繁體中文版）。

教養書籍

以下是我最喜歡的教養書籍，這些書都是以證據為基礎寫就，也在我的教養之路上給了很多幫助。特別是高情緒兒童的父母，或許你們能夠從其中某些書的教養策略中受益。

《一二三的魔術：沉著、有效、快樂的教養三步驟》第六版（*1-2-3 Magic: The New Three-Step Discipline for Calm, Effective, and Happy Parenting*, sixth edition (Sourcebooks, 2016)），尚無繁體中文版），湯姆斯・費朗（Thomas W. Phelan）博士著。

《壞脾氣小孩不是壞小孩：美國「情緒行為障礙」專家30年臨床經驗，教你有效解決孩子的情緒問題》（*The Explosive Child: A New Approach for Understanding and Parenting Easily Frustrated, Chronically Inflexible Children*，野人出版），羅斯・葛林（Ross W. Greene）博士著。

《釋放孩子的焦慮：克服害怕、擔憂和恐懼症的有效策略》修訂版（*Freeing Your Child from Anxiety: Powerful Strategies to Overcome Fears, Worries, and Phobias*, revised edition (Harmony Books, 2014)，尚無繁體中文版），塔瑪・強斯基（Tamar E. Chansky）

博士著。

《正面教養，我把孩子變乖了》（*The Kazdin Method for Parenting the Defiant Child: With No Pills, No Therapy, No Contest of Wills*，新手父母出版），耶魯大學教養中心和兒童行為診所主任艾倫．凱茲丁（Alan E. Kazdin）博士著。

《教養意志強硬的孩子：臨床證明有效的五週計劃給二到六歲孩子的父母》（*Parenting the Strong-Willed Child: The Clinically Proven Five-Week Program for Parents of Two- to Six-Year-Olds, updated edition (McGraw Hill, 2002)*，尚無繁體中文版），瑞克斯．福爾漢（Rex Forehand）博士和尼可拉斯．隆恩（Nicholas Long）博士著。

參考書目

① 「天生氣質」的研究：M. K. Rothbart and J. E. Bates, "Temperament," in W. Damon and N. Eisenberg, eds., *Handbook of Child Psychology: Social, Emotional, and Personality Development*, 5th ed., vol. 3 (New York, NY: John Wiley and Sons, 1998), 105–76.

② 這叫做精準醫學：F. S. Collins and H. Varmus, "A New Initiative on Precision Medicine," *New England Journal of Medicine* 372, no. 9 (2015): 793–95.

③ 一千三百名兒童研究：J. Lansford et al., "Bidirectional Relations between Parenting and Behavior Problems from Age 8 to 13 in Nine Countries," *Journal of Research on Adolescence* 28, no. 3 (2018): 571–90.

④ 一九六〇年代的研究：L. L. Heston, "Psychiatric Disorders in Foster Home Reared Children of Schizophrenic Mothers," *British Journal of Psychiatry* 112 (1966): 819–25.

⑤ 現已知思覺失調症：P. Sullivan, K. S. Kendler, and M. C. Neale, "Schizophrenia as a Complex Trait: Evidence from a Meta-analysis of Twin Studies," *Archives of General Psychiatry* 60, no. 12 (2003): 1187–92.

⑥ 酒精相關問題：K. S. Kendler et al., "An Extended Swedish National Adoption Study of Alcohol Use Disorder," *JAMA Psychiatry* 72, no. 3 (2015): 211–18.

⑦ 嬰兒的羞怯問題：D. Daniels and R. Plomin, "Origins of Individual Differences in Infant Shyness," *Developmental Psychology* 21, no. 1 (1985): 118–21.

⑧ 關於領養的研究：R. J. Cadoret, "Adoption Studies," *Alcohol Health and Research World* 19, no. 3 (1995): 195–200.

⑨ 瑞典領養研究檢視犯罪行為：K. S. Kendler et al., "A Swedish National Adoption Study of Criminality," *Psychological Medicine* 44, no. 9 (2014): 1913–25.

⑩ 多國建置雙胞胎檔案庫：Y. M. Hur and J. M. Craig, "Twin Registries Worldwide: An Important Resource for Scientific Research," *Twin Research and Human Genetics* 16, no. 1 (2013): 1–12.

⑪ 我曾參與的研究：R. J. Rose et al., "FinnTwin12 Cohort: An Updated Review," *Twin Research and Human Genetics* 22, no. 5 (2019): 302–11; M. Kaidesoja et al., "FinnTwin16: A Longitudinal Study from Age 16 of a Population-based Finnish Twin Cohort," *Twin Research and Human Genetics* 22, no. 6 (2019): 530–39.

⑫ 荷蘭的大型雙胞胎資料庫：L. Lighart et al., "The Netherlands Twin Register: Longitudinal Research Based on Twin and Twin-family Designs," *Twin Research and Human Genetics* 22, no. 6 (2019): 623–36.

⑬ 雙胞胎的研究：E. C. H. Lilley, A. T. Morris, and J. L. Silberg, "The Mid-Atlantic Twin Registry of Virginia Commonwealth University," *Twin Research and Human Genetics* 22, no. 6 (2019): 753–56.

⑭ 物質使用和精神疾病的研究：K. S. Kendler, C. A. Prescott, J. Myers, and M. C. Neale, "The Structure of Genetic and Environmental Risk Factors for Common Psychiatric and Substance Use Disorders in Men and Women," *Archives of General Psychiatry* 60, no. 9 (2003): 929–37.

⑮ 個性和智力：T. J. Bouchard Jr. and M. McGue, "Genetic and Environmental Influences on Human Psychological Differences," *Journal of Neurobiology* 54 (2003): 4–45.

⑯ 離婚的研究：M. McGue and D. T. Lykken, "Genetic Influence on Risk of Divorce," *Psychological Science* 3, no. 6 (1992): 368–73.

⑰ 快樂：M. Bartels and D. I. Boomsma, "Born to Be Happy? The Etiology of Subjective Well-being," *Behavior Genetics* 39, no. 6 (2009): 605–15.

⑱ 投票行為：P. K. Hatemi et al., "The Genetics of Voting: An Australian Twin Study," *Behavior Genetics* 37, no. 3 (2007): 435–48.

⑲ 雙胞胎的宗教信仰相關研究：T. Vance, H. H. Maes, and K. S. Kendler, "Genetic and Environmental Influences on Multiple Dimensions of Religiosity: A Twin Study," *Journal of Nervous and Mental Disease* 198, no. 10 (2010): 755–61.

⑳ 社會態度與性格的研究：L. Eaves et al., "Comparing the Biological and Cultural Inheritance of Personality and Social Attitudes in the Virginia 30,000 Study of Twins and their Relatives," *Twin Research* 2 (1999): 62–80.

㉑ 自制力的大型研究：Y. E. Willems et al., "The Heritability of Self-Control: A Meta-analysis," *Neuroscience Biobehavioral Review* 100 (2019): 324–34.

㉒ 三歲兒童的焦慮和憂鬱研究：D. I. Boomsma et al., "Genetic and Environmental Influences on Anxious/Depression during Childhood: A Study from the Netherlands Twin Register," *Genes, Brain and Behavior* 4 (2005): 466–81.

㉓ 七歲兒童的行為問題：B. C. Haberstick et al., "Contributions of Genes and Environments to Stability and Change in Externalizing and Internalizing Problems during Elementary and Middle School," *Behavior Genetics* 35, no. 4 (2005): 381–96.

㉔ 所有人類行為特徵都具有遺傳性：E. Turkheimer, "Three Laws of Behavior Genetics and What They Mean," *Current Directions in Psychological Science* 9, no. 5 (2000): 160–64.

㉕ 一九七〇年代晚期的雙胞胎研究：Nancy Segal, Born Together—Reared Apart: The Landmark Minnesota Twin Study (Cambridge, MA: Harvard University Press, 2012); 並請見：https://mctfr.psych.umn.edu/research/UM%20research.html.

㉖ 關於基因：R. Sapolsky, "A Gene for Nothing," Discover magazine, September 30, 1997.

㉗ 關於酗酒傾向的遺傳：H. Begleiter et al., "The Collaborative Study on the Genetics of Alcoholism," *Alcohol and Health Research World* 19 (1995): 228–36.

㉘ 遺傳稟性的相互交織：S. Scarr and K. McCartney, "How People Make Their Own Environments: A Theory of Genotype Greater than Environment Effects," *Child Development* 54, no. 2 (1983): 424–35.

㉙ 智商是可以遺傳的：R. Plomin and S. von Stumm, (2018). "The New Genetics of Intelligence," *Nature Reviews Genetics* 19, no. 3 (2018): 148–59.

㉚ 攻擊性受到遺傳的高度影響：C. Tuvblad and L. A. Baker, "Human Aggression across the Lifespan: Genetic Propensities and En- vironmental Moderators," *Advances in Genetics* 75 (2011): 171–214.

㉛ 基因環境交互作用：D. M. Dick, "Gene-environment Interaction in Psychological Traits and Disorders, " *Annual Review of Clinical Psychology* 7 (2011): 383–409.

㉜ 兒童發展領域中的「適配性」：S. Chess and A. Thomas, *Goodness of Fit: Clinical Applications for Infancy through Adult Life* (Philadelphia: Bruner/Mazel, 1999).

㉝ 心理學家卡蘿・杜維克的成功心理學研究：Carol S. Dweck, Ph.D., *Mindset: The New Psychology of Success* (New York: Ballantine Books, 2007).

㉞ 外向人士的意外優勢：K. A. Duffy and T. L. Chartrand, "The Extravert Advantage: How and When

Extraverts Build Rapport with Other People," *Psychological Science* 26, no. 11 (2015): 1795–802.

㉟ 有名的棉花糖實驗：Walter Mischel, *The Marshmallow Test: Why Self-Control Is the Engine of Success* (Boston: Little, Brown, 2015).

㊱ 紐西蘭的長期實驗：T. E. Moffitt et al., "A Gradient of Childhood Self-control Predicts Health, Wealth, and Public Safety," *Proceedings of the National Academy of Sciences of the United States* 108 (2011): 2693–98.

㊲ 兒童行為評價報告：T. M. Achenbach, S. H. McConaughy, and C. T. Howell, "Child/Adolescent Behavioral and Emotional Problems: Implications of Cross-informant Correlations for Situational Specificity," *Psychological Bulletin* 101, no. 2 (1987): 213–32.

㊳「夠用就是好」的教養概念：S. Scarr, "Developmental Theories for the 1990s: Development and Individual Differences," *Child Development* 63, no. 1 (1992): 1–19.

國家圖書館出版品預行編目資料

天賦密碼：從基因科學了解孩子天生優勢，實踐「順性教養」的必讀聖經 / 丹妮爾．迪克博士（Danielle Dick, Ph.D.） 著；尤采菲譯
-- 初版 . -- 臺北市：三采文化股份有限公司 , 2022.12
面；　公分 . --（親子共學堂；42）
譯自：The child code : understanding your child's unique nature for happier, more effective parenting.

ISBN 978-986-342-136-8（平裝）

1. CST: 親職教育 2. CST: 育兒

528.2　　111018327

封面照片提供：
· DN6 / stock.adobe.com
· Tom Wang / stock.adobe.com

suncolor 三采文化集團

親子共學堂 42

天賦密碼

從基因科學了解孩子天生優勢 實踐「順性教養」的必讀聖經

作者｜丹妮爾．迪克博士 (Danielle Dick, Ph.D.)　譯者｜尤采菲
主編｜喬郁珊　校對｜黃薇霓　版權選書｜杜曉涵
美術主編｜藍秀婷　封面及內文版面設計｜謝孃瑩　內頁排版｜中原造像股份有限公司

發行人｜張輝明　總編輯長｜曾雅青　發行所｜三采文化股份有限公司
地址｜台北市內湖區瑞光路 513 巷 33 號 8 樓
傳訊｜ TEL:8797-1234　FAX:8797-1688　網址｜ www.suncolor.com.tw
郵政劃撥｜帳號：14319060　戶名：三采文化股份有限公司
本版發行｜ 2022 年 12 月 30 日　定價｜ NT$420

suncolor

suncolor